O segredo judaico de resolução de problemas

NILTON BONDER

O segredo judaico de resolução de problemas

– *Iídiche Kop* –

Rocco

Copyright © 1995, 2010 by Nilton Bonder

Direitos desta edição reservados à
EDITORA ROCCO LTDA.
Rua Evaristo da Veiga, 65 – 11º andar
Passeio Corporate – Torre 1
20031-040 – Rio de Janeiro – RJ
Tel.: (21) 3525-2000 – Fax: (21) 3525-2001
rocco@rocco.com.br
www.rocco.com.br

Printed in Brazil/Impresso no Brasil

Preparação de originais
SÔNIA PEÇANHA

CIP-Brasil. Catalogação na publicação.
Sindicato Nacional dos Editores de Livros, RJ.

B694s	Bonder, Nilton
	O segredo judaico de resolução de problemas – Iídiche Kop/Nilton Bonder. – Rio de Janeiro: Rocco, 2010.
	ISBN 978-85-325-2572-7
	1. Solução de problemas. 2. Judaísmo. 3. Cabala. I. Título.
10-2432	CDD–296
	CDU–26

O texto deste livro obedece às normas do
Acordo Ortográfico da Língua Portuguesa.

"O que torna uma resolução tão difícil é não sabermos o que queremos e o quanto queremos."

À minha filha Alice

Sumário

Introdução 9

O APARENTE DO APARENTE
Problema literal

O aparente do aparente 17
Texto ou con-texto 21
A questão dos receptáculos 24
O que é uma resposta?... 28
Bolsões de resistência mental 32
Bloqueios estéticos – dificuldades de exercitar a ignorância 35
Valorizando a ignorância 39
Patologias da obviedade 42

O OCULTO DO APARENTE
Problema metafórico

O oculto do aparente 49
Reframing/recontextualizando 53
Política e raciocínio – não posso ou não quero 58
Transparência 62
Intervenções paradoxais 67
Ironias 71
Previsões 76

O APARENTE DO OCULTO
Problema alusivo

O aparente do oculto...	81
Almejando o verdadeiro alvo...	86
Várias lógicas...	89
Intervenções no intuitivo..	93
Sábios de Chelm – o absurdo e suas contribuições para a revelação do oculto..	99
A eficiência do tolo..	105
Estudo de um caso: lunáticos e soluções práticas para o inalcançável..	109

O OCULTO DO OCULTO
Problema secreto

O oculto do oculto...	115
Erro como passo inicial de um outro nível de acerto...........	119
Patologias pela carência de erros..	122
Metamodelos educacionais...	125
Conhecimento não conhecido...	128
Epílogo...	132

Introdução

Este livro é sobre resolução de problemas. Faz uso de uma tradição muito antiga que enfrentou toda sorte de dificuldades. E a necessidade é a mãe das resoluções.

No caso particular desta tradição, condições muito favoráveis permitiram uma visão de vida bastante aguçada e perspicaz, que passou a ser popularmente chamada de *Judische Kopf* – ou, como a trataremos aqui, *iídiche kop*, literalmente "cabeça de judeu" – entre os próprios judeus. Não se trata de um método nem de uma teoria, mas do mínimo acúmulo de conhecimento de problemas necessário para instaurar um processo existencial voluntário de questionamento do impossível. *Iídiche kop* é o instante de virada, quando o resignado recupera o brilho de seus olhos e, lançando mão de uma ousadia radical, insiste em dizer que ainda está no jogo. Trata-se da condição única do encurralado de poder reverter o jogo e dar o xeque-mate, de romper com as convenções que o aprisionavam na posição de perdedor e recontextualizar-se como mestre das opções impensadas.

Exemplificar estes momentos e estas soluções permite resgatar as situações "sem saída", que apenas em sua condição de inevitabilidade permitem janelas para outras "saídas". Lembremos o conhecido problema da impossibilidade de um ponto em um plano de duas dimensões atingir um outro ponto distante deste plano sem passar por outro(s) ponto(s) deste mesmo plano: se o que é impossível numa perspectiva bidimensional for recontextualizado numa realidade tridimensional, o mesmo ponto "que não se consegue atingir" pode desaparecer de seu "plano" e retornar noutro ponto distante sem interceptar ou passar por nenhum outro ponto do dito plano.

Soluções deste tipo são similares àquelas que nos deixavam inconformados nos antigos seriados, como *Flash Gordon*. Um episódio terminava com uma situação de grande perigo, muitas vezes irreversível, o que deixava o espectador bastante curioso e interessado. "Desta vez não haverá saída", pensava ele. Este mesmo espectador, que no lapso entre os capítulos já refizera mentalmente todas as possibilidades do herói e realmente não encontrara nenhuma saída, pulava da cadeira ao ver, no capítulo seguinte, que, ao reprisarem os momentos finais do capítulo anterior, surgia um elemento novo – uma corda, uma arma, um aliado escondido – que revertia a situação de perigo. O espectador se sentia traído, pois jurava, com razão, que a cena original não continha os novos elementos que permitiam o resgate do herói. É exatamente esta cegueira que nos impede de ver estes elementos que possibilitam outras opções. O fato de apostarem nela é que talvez explique a audácia, ou, antes, a cara de pau dos produtores e diretores deste tipo de seriado.

A opção oculta representa exatamente aquela que não é vista nos momentos em que nos deparamos com um problema. O rompimento com o padrão das soluções possíveis é expresso por essas "janelas" ocultas que surpreendem. É o que ocorre na cena de Steven Spilberg de *Os caçadores da arca perdida* em que o herói, num momento de grande tensão – a mocinha está em apuros, precisando de auxílio –, se vê desafiado por um lutador musculoso que faz demonstrações de agilidade e destreza com seu imponente sabre. A audiência, capturada pela realidade daquele poderoso obstáculo, fica atônita quando o herói saca o revólver e elimina o problema de forma inusitada e instantânea.

A simplicidade de uma resolução que não esteja comprometida com "resoluções estéticas" chega a ser experimentada como algo cômico por um observador.

Logo, a condição identificada como *iídiche kop* representa, mais do que sapiência, a transcendência de uma dada ignorância. É como ocorria num antigo programa de televisão, em que um indivíduo era colocado dentro de uma cabine e, sem que soubesse o que lhe era oferecido, tinha de escolher entre diferentes objetos. "Você trocaria um automóvel zero-quilômetro por uma bota suja?", perguntava o apresentador. "Sim", respondia, convicto, o convidado, para divertimento do público. A cabine – a surdez, a cegueira ou a ignorância – tornava as decisões da pessoa absurdas. A mesma impressão teria um observador que nos acompanhasse de fora de nossas "cabines" ou de nossos aprisionamentos por um dia em nossa vida.

O momento em que o *fog* destas ignorâncias desvanece caracteriza a experiência descrita como *iídiche kop*. Sua força se expressa na possibilidade da sobrevivência. Tal como a defesa do cachorro é a mordida, e a do touro, o chifre, a do judeu era a recontextualização, e as incríveis opções que ela propiciava. Quem sobrevive confirma e celebra sua eficácia.

A impossibilidade é uma condição momentânea: quem sabe disto não desiste. E nenhuma outra postura é tão instigadora de criatividade e intuição quanto o "não desistir". O simples fato de permanecer no "jogo" abre opções que, fora dele, ao se "jogar a toalha", obviamente não existiriam.

Conta-se de um incidente ocorrido num vilarejo durante a Idade Média. Uma criança foi encontrada morta. Logo acusaram um judeu de ser o assassino, alegando-se que a vítima fora usada para a realização de rituais macabros. O homem foi preso e ficou desesperado. Sabia que era um bode expiatório e que não teria a menor chance em seu julgamento. Pediu então que trouxessem um rabino com quem pudesse conversar. E assim foi feito.

Inconsolável, o homem lastimou-se com o rabino pela pena de morte que o aguardava, pois tinha certeza de que fariam tudo para executá-lo. O rabino acalmou-o, dizendo: "Em nenhum momento acredite que não há solução. Quem o tentará a agir assim é o próprio Sinistro, que quer que você se entregue à ideia de que não há saída." "Mas o que devo fazer?", perguntou o homem angustiado. "Não desista, e lhe será mostrado um caminho inimaginável."

Chegado o dia do julgamento, o juiz, mancomunado com a conspiração para condenar o pobre homem, quis ainda assim fingir que lhe permitiria um julgamento justo, dando-lhe uma oportunidade para provar sua inocência. Chamou-o e disse: "Já que vocês são pessoas de fé, vou deixar que o Senhor cuide desta questão. Num pedaço de papel, escreverei a palavra 'inocente'; no outro, 'culpado'. Você escolherá um dos dois, e o Senhor decidirá seu destino."

O acusado começou a suar frio. Tinha certeza de que tudo aquilo não passava de uma encenação e que iriam condená-lo de qualquer maneira. Tal qual previra, ao preparar os pedaços de papel, o juiz escreveu em ambos a palavra "culpado". Normalmente se diria que as chances de nosso acusado acabavam de cair de 50% para rigorosamente 0%. Não havia qualquer possibilidade estatística de que ele viesse a retirar o papel contendo a inscrição "inocente", pois este não existia.

Lembrando-se das palavras do rabino, o acusado meditou por alguns instantes e, com o brilho nos olhos que já mencionamos, lançou-se sobre os papéis, escolheu um deles e imediatamente o engoliu. Todos os presentes protestaram: "O que você fez? Como vamos saber agora qual o destino que lhe cabia?" Mais que prontamente, ele respondeu: "É simples. Basta olhar o que diz o outro papel, e saberemos que escolhi seu contrário."

Descobrimos então que a chance de 0% era verdadeira apenas para os limites impostos por uma dada situação. Com um pouco da sagacidade, fruto da necessidade, foi possível recriar um contexto onde as chances do acusado de superar a adversidade saltaram de 0% para 100%. Ou seja, a simples recontextualização da mesma situação permitiu a reviravolta da realidade.

Esta é a razão deste livro – estudar a intimidade da tradição judaica com o processo da recontextualização. Na verdade, os segredos da recontextualização estão fincados no próprio âmago da concepção judaica de observação cautelosa da realidade. Desde tempos muito antigos, a tradição cabalística afirmava que a realidade existe em camadas, como uma cebola. Desfazer uma a uma estas camadas permite dissecar a realidade com uma eficácia bem maior do que reduzindo a percepção a uma única dimensão. A divisão que aqui efetuaremos é baseada na estrutura dos quatro mundos, das quatro dimensões em que a realidade pode ser decomposta. Logo, este não será um método para a descoberta de soluções, mas, sim, uma forma de romper com estruturas cristalizadas de ignorância que não reconhecem os diferentes componentes da realidade.

Para que possamos lidar especificamente com elementos de ignorância, em vez de informações, vamos traduzir os quatro mundos em quatro dimensões sugeridas pelo Alter Reb:[1] "O aparente do aparente"; "O oculto do aparente"; "O aparente do oculto"; e "O oculto do oculto".

---

[1] Rabino Schneur Zalman de Ladi (1745), um dos grandes mestres clássicos, autor do livro *Tanya*.

O APARENTE DO APARENTE

Problema literal

O aparente do aparente

O aparente do que é aparente diz respeito à dimensão do óbvio e do concreto. Representa estruturas em que uma única incógnita se oculta nua por detrás de um fio de cabelo. Há convergência para resultado, há uma contração momentânea do estado de sofisticação do tempo para um dado instante e da dinâmica para um certo lugar. O universo paralisa-se e revela de forma patente e inquestionável uma incógnita completamente dominada e conquistada. A lógica tem absoluta maestria e eficácia nesta dimensão.

No entanto, um perigo constante ronda a dimensão do óbvio e do concreto. Trata-se da possibilidade de se perder a compreensão de que o aparente do aparente é sempre a representação de uma redução quando percebido pela perspectiva da existência. Reside aí o embrião da confusão e da expectativa de que tudo possa ser reduzido a esta estrutura tão confortavelmente perceptível pela mente humana. Quem não enxerga não sabe que não vê; quem vê, por sua vez, pensa que tudo o que vê é o que é. Daí a reflexão: "Têm olhos, mas não veem; têm ouvidos, mas não ouvem; têm nariz, mas não sentem o olfato." O aparato sensorial é em si recurso e ao mesmo tempo limite. Temos dificuldade em reconhecer isto.

Quando um problema matemático desta ordem de simplicidade é colocado para crianças do curso fundamental, seus enunciados são reduzidos ao extremo com o intuito de treinar o processamento lógico. Pergunta-se: "Um menino comprou seis maçãs. Chegou em casa e só tinha duas. Quantas maçãs ele perdeu?" As respostas plausíveis poderiam ser nenhuma, três, seis, duas e assim por diante. Como seriam possíveis tais resultados? Bastaria que se respondesse: "Nenhuma, pois na verdade o menino foi roubado"; "Três, pois ele comeu uma delas no caminho"; "Seis, pois estavam todas muito maduras e não mais comestíveis"; "Nenhuma, pois maçãs não se perdem, se reciclam"; "Duas, pois o menino comprou as maçãs com 50% de desconto".

Não há dúvida de que a resposta logicamente aceita para dar conta do reducionismo do problema seja a que estipula "quatro". Esta, no entanto, pode ser a resposta mais desprovida de informações e, portanto, a pior resposta. Quando a resposta "duas" é apresentada, sua estrutura é existencial. O menino pagara por elas 50% do preço normal, e é como se tivesse perdido duas. Isto é uma verdade contábil; ao mesmo tempo, apresenta grande riqueza de informações sobre a natureza humana e sua forma de lidar com as perdas. É comum pensarmos nestes termos. Se perdemos alguma importância, logo lembramos que acabamos de ganhar uma outra soma. Assim, perdemos a primeira deduzida da segunda. Esta não é a verdade absoluta, mas é nossa verdade existencial.

A estrutura literal não permite que nos desviemos do enunciado, seja introduzindo outras realidades (o preço da maçã com desconto), seja apresentando questionamentos (perdeu, comeu ou roubaram?) ou interpretações (nada se perde). A vida, porém, nos exige a todo momento um aperfeiçoamento de nossas leituras, indo além do sentido literal como uma forma de ampliar nossa eficiência e nosso conhecimento do mundo que nos cerca.

Dito isto, devemos resgatar a funcionalidade do aparente do aparente e compreender sua enorme importância. Rashi, um dos grandes mestres da tradição judaica, dedicou sua vida à arte como literalidade. Este sábio conhecia o tremendo impacto que responder "quatro" ao nosso problema pode significar, desde que a literalidade não seja compreendida como a realidade, mas tão somente como literalidade. Quando o provérbio diz: "Cuidado! Se você continuar indo para onde vai, acabará chegando lá", não quer expressar apenas a obviedade ou a redundância. Para compreendê-lo em sua importância literal, é fundamental reconhecer que o literal não existe isoladamente. Ele é formulado no vazio que lhe rende o sentido que todos nós acatamos como confortável. Rashi sabia disto. Sabia que o literal, o chamamento à dimensão literal, poderia ser extremamente revelador de outras dimensões da experiência. Mas, para isto, seria fundamental que o literalista percebesse constantemente o fundo, a moldura que dá possibilidade de sentido ao literal. O literalista que se ocupa profundamente dos enunciados, mas que tem a percepção treinada para compreender o que estes dizem apenas e sempre em relação direta e profunda com o que propositalmente não dizem, é um sábio de mão cheia.

Este é o olhar treinado do cabalista literal. Para ele, o texto ou o enunciado é escrito com tinta-fogo negra, mas o vazio em torno da letra ou do enunciado, feito à tinta-fogo branca, também é real, tendo sido criado com tanta sofisticação e propósito quanto o primeiro.

No entanto, para podermos compreender o que de mais sutil e sofisticado existe neste universo, precisamos ser surpreendidos pelo simples e concreto. Tal surpresa é a possibilidade de relê-los à luz do que lhes é oculto. Isto significa poder ter um segundo olhar para aquilo que é tosco e primário, uma vez reveladas várias das ignorâncias que o circundam.

Na verdade, o aparente do aparente é o ponto de contato com o próprio oculto do oculto. Tal como o horizonte que conecta Terra e céu, o aparente do aparente é o limite da visão a olho nu. Lá, na interseção em que o óbvio parece tocar o sublime, o chão e as alturas literalmente não se tocam. Se você chegar ao lugar "real" onde seus olhos achavam que a Terra beijava os céus, continuará existindo a mesma distância que existe de qualquer outro ponto. É justamente no distanciamento, na compreensão das fundamentais ignorâncias que cercam o saber, que o cientista pode medir a curvatura da Terra através do horizonte, ou que o cabalista pode encontrar contato entre as coisas que nunca se encontram.

O aparente do aparente é a ferramenta humana fundamental para descobrirmos nossas ignorâncias.

Texto ou con-texto

Existe uma questão antiga que os documentalistas, historiadores, biógrafos e críticos literários de qualquer ordem conhecem bem. Trata-se da busca pelas fontes primárias, por um dado em sua forma e essência originais. Todas estas áreas, que visam ao aprofundamento sobre um determinado assunto, dependem de originais em sua forma mais bruta, mais literal. Qualquer versão de um documento, por exemplo, se torna menos valiosa, na medida em que interferências posteriores ou estranhas ao documento original tenham causado adições ou cortes. Estes fragmentos seminais são importantes para a humanidade, pois permitem resgatar "textos literais", para que, por meio deles, possamos encontrar a conexão entre todos os outros pensares acerca de um assunto. O texto literal ilumina de compreensão as esferas da interpretação ou as formas encontradas ao longo dos tempos para identificar as ignorâncias que circundam uma afirmação. Este mapeamento das ignorâncias é o que faz confirmar o sentido de uma afirmação e é, portanto, complemento do próprio saber.

O texto bíblico é o exemplo por excelência desta relação com o saber. A revelação é um processo constante de interação de um texto com suas interpretações. E, apesar de muitos quererem discordar, as interpretações influem na própria literalidade do texto. Mas isto é discussão para outro estágio. O que importa definir é a dimensão onde o aparente do aparente possa ser pleno, onde não esteja conspurcado por seus próprios ocultos ou por suas próprias ignorâncias, pois se torna assim menos legível. Tais distorções dificultam o processo do saber e do "resolver". O aparente do aparente deve ser cristalinamente definido e isolado. É por meio dele que o oculto mais oculto se faz experimentável ao ser humano. Definir, portanto, o texto básico de um dado escrito, ou pensamento, ou o contexto de uma dada situação é a tarefa inicial e fundamental que cabe a todos nós. É nesta precisão do documentalista em solidificar o texto, sabendo de sua absoluta natureza volátil, que se encontra a possibilidade de revelação.

A simples "solidificação" de um texto ou contexto, sem este reconhecimento de que sua natureza é volátil, interrompe o sagrado processo de criação de fragmentos de sentido em meio à ignorância circundante. Tal "solidificação" transforma texto, enunciado ou afirmação em apenas mera fração da própria ignorância. O processo de trabalhar com o nada e com o vazio pressupõe o extremo cuidado para que aquilo que ganhou forma não retorne ao próprio vazio. A facilidade com que isto pode ocorrer é evidenciada pela grande dificuldade que temos de resolver problemas. O chamado *pilpul*, a elucubração de algo sobre si mesmo, mostra que uma das condições do vazio são as possíveis e infinitas trajetórias de infinitas distâncias de retorno ao mesmo ponto de origem.

O segredo do cabalista está em preservar o texto original para rompê-lo com revelações do que lhe é oculto no que lhe é aparente, ou do que lhe é aparente no que lhe é oculto, ou mesmo do que lhe é oculto no que lhe é. A defesa do cabalista em face da loucura, ou "do nada", é o contato constante com esta realidade do aparente do aparente. Saber percorrer os caminhos mais insólitos só é possível tendo-se um texto-chão. O poeta Derridá elucida:

> Para os judeus – e para os poetas – o livro fica encadernado em si mesmo, infinitamente autorreflexivo, seu próprio conteúdo

é sua própria representação. A casa do judeu e do poeta é o texto: são andarilhos nascidos apenas do livro... Entre os fragmentos das Tábuas Quebradas o poema cresce e o direito da Fala toma raízes. Uma vez mais se inicia a aventura do texto como uma erva daninha, como o ilegal longe da "mãe-terra dos judeus" que é um "texto sagrado cercado de comentários.

A condição fundamental para que se criem estas "falas ilegais" é a total fidelidade à literalidade. As "falas ilegais" representam a possibilidade de compreensão para além do aparente do aparente. Em momento algum elas se tornam separadas ou perdem o contato com esta dimensão.

Tomemos, por exemplo, a pergunta: "Qual é a coisa mais importante que um escritor precisa ter?" Entre todas as possíveis respostas, diria uma *iídiche kop*: "Pouco apetite." Nesta resposta, a literalidade da pergunta é respeitada ao extremo. Ela desejava inquirir sobre o atributo mais prático para que alguém pudesse se lançar na carreira de escritor. Não há dúvida de que outras respostas seriam igualmente corretas. Esta, no entanto, fala de um atributo que, se não o requisito único, é indispensável para que se possa fazer uma carreira como escritor. Trata, assim, da realidade mais ampla que não exclui a dificuldade de sustento como sendo parte do campo de interesse do enunciado original. Trai, desta forma, o pensamento convencional, que de pronto buscaria respostas entre possíveis talentos exclusivamente na área das artes literárias. É importante perceber que não estamos aqui no território da interpretação, e sim da literalidade. Esta resposta não apresenta qualquer outra realidade para a condição de "escritor", nem sequer corrompe a motivação inicial da inquisição "o que é necessário?", e não se desvia do substantivo "atributo". Sua fidelidade à literalidade é absoluta.

A questão dos receptáculos

Como já observamos anteriormente, a literalidade é fundamental por dizer, por afirmar algo. Quando algo é dito, todos os mistérios deste mundo ficam definidos pelo que não foi dito. Diz a liturgia judaica, baseada no relato bíblico: "D'us falou e se fez." A criação é ato de asseverar algo e com isto compor tudo o que não foi afirmado. Esta é a cosmogonia da cabala luriânica, que diz que D'us fez espaço em si mesmo para que o tudo pudesse ser vazio e que neste se pudesse, ao explicitar algo, subentender o todo. Só assim poderia haver consciência e saber.

No início da criação não havia receptáculos. Quando a luz e o conteúdo puro do todo eram contidos por qualquer receptáculo, este se estilhaçava imediatamente. A criação não é, portanto, um ato de essência, mas um ato de forma. A forma possibilita à essência ser contida. O que há de mais espetacular na história do universo é a maneira pela qual a essência conseguiu abrir espaço para a forma. Desde então surgiram os primeiros receptáculos: formas que abrigam a essência.

A essência não revela o mundo à nossa volta; quem o faz são as formas. Um receptáculo "carro" define e dá expressão à essência absoluta, da mesma maneira que o faz o receptáculo "cachorro" ou "mosquito".

Todas as essências que conhecemos são retiradas das formas que nos cercam. Voamos graças ao receptáculo "ar", ao receptáculo "aves" e a todos os demais receptáculos que nos permitem compreender as leis que governam a ascensão dos mais-pesados-que-o-ar. Nossos problemas diários se concentram em gerar mais formas a partir do que aprendemos das formas. A energia solar, por exemplo, que poderia resolver todos os problemas de energia deste planeta, está à espera de que surjam receptáculos suficientemente eficazes para contê-la.

Ou seja, o mundo das formas é um mundo que se multiplica em formas porque, ao surgir a primeira, se definiram todas as demais formas possíveis. A dimensão do aparente do aparente é justamente esta dos receptáculos envoltos por tudo que não contêm. E este é o valor de um texto (enunciado): ser uma forma que permite outras e que por exclusão define a essência.

Esta é a razão da proibição de imagens contida no decálogo – as formas nos dão acesso a algo antes inatingível e nos enganam, pois onde existem é exatamente o que D'us fez possível por não se fazer presente. Elas afirmam em perpétua relação com o que não afirmam, e só aquilo que não afirmam é verdadeiro objeto de adoração. Tudo é forma, só D'us é essência.

De qualquer maneira, o saber se faz de formas e se produz pela criação de formas. E um bom texto tem de ter "forma". Sua literalidade é fundamental para que possa gerar conhecimento acerca de suas ignorâncias e daquilo que não diz. Dar verdadeira forma a um texto e permitir-lhe tal condição, evitando que se conspurque com interpretações, é impedir que a essência ocupe novamente o lugar da forma e que a conquista fundamental da criação não reverta a seu estado original, onde não existiam receptáculos.

A função da consciência e do saber é produzir receptáculos, e não estilhaçá-los.

Assim age o herege, que busca a essência nos momentos em que a forma é fundamental, e interrompe assim todo um processo construtivo que se faz num território propositalmente distante da essência.

Conta uma conhecida anedota da tradição judaica:

Um famoso Reb estava à morte. À sua volta, na sala contígua e do lado de fora da casa, centenas de discípulos se amontoavam para ouvir uma última mensagem do santo homem. Seu mais dileto discípulo tomou coragem e sussurrou ao agonizante mestre:

– Reb, não nos deixe sem uma última palavra de sabedoria; estamos todos esperando por uma palavra sua.

Por alguns instantes não houve qualquer reação, e muitos começaram a chorar, temendo que seu venerado líder já não mais estivesse com eles. Porém, de repente, seus lábios começaram a mover-se dizendo algo em voz muito baixa. O discípulo aproximou o ouvido da boca do Reb e ouviu suas últimas palavras:

– A vida – sussurrou com grande dificuldade – é como uma xícara de chá.

Os demais presentes em torno do Reb ouviram do discípulo suas sábias palavras, e um alvoroço tomou conta do ambiente.

– O Reb disse que a vida é como uma xícara de chá – diziam uns aos outros.

Rapidamente a afirmação passou para a antessala e de lá chegou à rua, onde todos, com grande entusiasmo, repetiam:

– O Reb disse que a vida é como uma xícara de chá.

A perplexidade diante de tal revelação mística foi tomando conta de todos, até que alguém perguntou:

– Mas por que mesmo a vida é como uma xícara de chá?

Logo, todos se perguntavam a mesma coisa. No caminho inverso, a pergunta passou da rua à antessala e de lá chegou ao quarto onde o velho rabino estava em seus últimos estertores. Novamente o discípulo mais próximo tomou coragem e perguntou:

– Venerável Reb, imploramos que nos diga por que a vida é como uma xícara de chá.
Com a última centelha de vida que ainda lhe restava, o Reb deu de ombros e sussurrou:
– Tudo bem, então a vida não é como uma xícara de chá!

A pergunta que retorna da rua tem o poder de reverter uma resposta à sua condição de pergunta. Sempre que as questões dizem respeito a essências, a forma deve ser muito bem-vinda como um instrumento de resposta. Uma boa resposta depende da capacidade de se distinguir entre pergunta e resposta, e esta distinção não é tão simples como geralmente pensamos. Muitas vezes a pergunta traz em si mais elementos de resposta do que as respostas propriamente ditas, e estas trazem em si mais elementos de perguntas do que as próprias perguntas.

Em nossa história, o Reb apresentou uma proposição que poderia ter sido preservada no nível do sentido, o que levaria à produção de inúmeros comentários, quem sabe até livros, sobre seus sentidos ocultos. Assim sendo, o comportamento de não compactuar com a categorização da afirmação do Reb como sendo um "texto" significa revertê-la à total falta de significado.

O vazio da afirmação surge quando a multidão, influenciada pelo "revertedor" de respostas em perguntas (o herege, diferentemente do formulador de perguntas, que é um herói do sentido, como veremos adiante), exclui da "resposta" seu contexto. A questão não passa pela simples análise do que diz o rabino, mas pela compreensão de que as informações contextualizadoras, como "leito de morte", "mensagem", "rabino", "discípulos" etc. estabelecem, para aquilo que isoladamente não é resposta, as condições para que esteja no território da resposta.

O que é uma resposta?

Uma das características incluídas no estereótipo do judeu é a de que ele constantemente responde a uma pergunta com uma outra pergunta. É o que mostra uma conhecida anedota: "Perguntou um indivíduo a um judeu: 'Por que vocês respondem a uma pergunta sempre com outra pergunta?' Ao que rapidamente ele respondeu: 'E por que não?'"

Uma pergunta pode aprofundar outra pergunta e ser, por definição, uma resposta perante a primeira. Na verdade, a pergunta já faz parte do processo de esclarecimento, e o literalista sabe disto. Quem trabalha com textos sabe muito bem que listar questionamentos, mesmo sem necessariamente respondê-los, é dar curso à interpretação. É interessante notar que no milenar currículo das academias rabínicas o estudo dos literalistas, como o já mencionado Rashi, concentra-se na tentativa de compreender, muito mais do que eventuais respostas, as perguntas que eles extraem do texto. Isto se dá pelo fato de reconhecer-se que o literalista cumpre o duplo papel de legitimar o texto, outorgando-lhe sentido absoluto, e de delinear seu limite, dando forma ao vazio que o circunda.

Desta maneira, podemos teorizar dizendo que os judeus ganharam fama como literalistas e especialistas em "formas". Isto pode parecer um contrassenso, uma vez que é princípio fundamental da fé judaica não adorar qualquer tipo de forma.

No entanto, o literalista sabe que, se, por um lado, não deve perder nunca a perspectiva da essência, por outro sua labuta é feita no campo da convenção. Só assim captura o que de mais fugidio existe: o sentido.

Um conto da tradição chassídica, inspirado em raízes orientais, ajuda a compreender melhor esta questão:

> Certo homem encontrava-se em profunda busca interior. Questionava-se acerca da "verdade" e da natureza da sinceridade. Atormentado por estas questões, resolveu viajar até uma localidade, onde havia um rabino famoso, em toda a região, por sua sapiência.
> Viajou centenas de quilômetros e, ao chegar ao vilarejo, começou a perguntar onde poderia encontrar o rabino. Todos riram-se dele, dizendo:
> – O Reb está em reclusão absoluta há quase vinte anos e você, um estranho, vem aqui e pensa que pode se avistar com ele?
> Mesmo assim, o homem não desistiu. Esperou uma oportunidade em que os imediatos do rabino se distraíram e conseguiu entrar no escritório onde o velho sábio estudava.
> O rabino custou a perceber que tinha companhia. Lentamente foi tirando os olhos do pesado tomo que estudava e fitou o intruso.
> – Perdão, venerável rabino, venho de muito longe com uma questão que há muito me angustia e que gostaria que o senhor, com toda a sua sapiência, me respondesse.
> – Qual é a pergunta? – inquiriu o rabino delicadamente, mas demonstrando um certo desinteresse.
> – Gostaria de saber qual é a essência da verdade.
> O rabino lançou-lhe um olhar profundo, pôs-se de pé e esbofeteou o visitante.

Perturbado e profundamente magoado, o homem enfiou-se numa taverna. Em meio a um choro sentido, pôs-se a beber para esquecer a experiência tão decepcionante. Um jovem da região, sabendo do que ocorrera, aproximou-se oferecendo ajuda.

– Obrigado – reagiu o homem –, não foi nada... é que vim de bem longe com uma pergunta muito importante e fui recebido assim pelo seu Reb.

– O Reb não faria isto à toa. Deve haver uma explicação – ponderou o jovem.

Um homem que escutava a conversa retrucou decidido:

– Ele o esbofeteou para que você aprenda a não trocar uma boa pergunta por uma resposta.

É parte fundamental de qualquer busca saber ser um literalista.

Fazer isto é definitivamente não se afastar das perguntas, mas permanecer em seu reino, retirando delas tudo que oferecem de qualidade esclarecedora e redentora de sentido. Retomando o exemplo do antigo programa de televisão, quem busca apenas uma resposta é como o indivíduo que toma decisões dentro de uma cabine que o impede de entender em que tipo de transação se encontra envolvido. Responder é um ato que, se não for cercado de muitos cuidados, pode fazer avançar a escuridão e a ignorância. Pode levar a se trocar o que há de mais importante pelo supérfluo, sob o domínio de uma arrogante certeza que é, em si, mais obscura que a própria ignorância.

Assim sendo, uma das maneiras mais seguras de se reagir a uma pergunta é fazer outra pergunta. Saber como fazê-la, não ficando na esfera da redundância, mas aprofundando a primeira pergunta, é algo extremamente difícil e que exige uma aguçada sapiência.

Diante de uma indagação, pergunte-se mais e mais. Com isso, consegue-se extrair o aparente do aparente. A forma se mostra assim com toda a sua clareza, com todas as suas nuanças e contornos, e acaba por revelar a própria essência.

Saber é propositalmente não querer ver até que aquilo que é visto possa contribuir com algo, possa somar, em vez de diminuir.

Bolsões de resistência mental

Um discípulo contou a Reb Bunam que se tornara cocheiro. O rabino retrucou:
— Sua cabeça agora estará ocupada com os cavalos; portanto, me parece que você fez de sua mente um estábulo.
É a maneira pela qual formatamos nossa cabeça que define como ela vê, ouve e entende. E não há outra dimensão que sofra tanto com nossas predisposições e preconceitos quanto a da literalidade. Conseguir não enquadrar nossos discursos nos vícios de raciocínio que nos permitimos rotineiramente é tão difícil quanto quebrar comportamentos estabelecidos. Da mesma forma que precisamos de terapia para romper com padrões de atitude, os condicionamentos mentais só são ultrapassados quando descobrimos que são os maiores produtores de ignorância, e quando elaboramos sobre eles. Mesmo os ingênuos ou irracionais são menos ignorantes que aqueles que percebem a realidade através dos desvios de seus condicionamentos. É como diz o ditado iídiche: "Um relógio que parou é melhor que um relógio que atrase ou adiante; isto porque um relógio parado pelo menos mostra a hora certa duas vezes ao dia."
Se você pensa errado, não enxerga a realidade, não percebe os textos e os enunciados em momento algum. Se este é o caso, seria melhor que você não estivesse realizando nenhuma busca, nenhuma elaboração. A "terra firme" do texto, esta que mais

adiante é abandonada pelo interpretador, tem de ser muito bem definida. Caso contrário, não é possível ser andarilho ou peregrino do sentido, pois não há para onde retornar, e tanto o conceito simbólico de "casa" como de "exílio" perdem seu poder enriquecedor de significado. Quando se legitimam os condicionamentos, é como se tudo estivesse em movimento sem que haja qualquer referencial para o mesmo.

Reb Nachman de Bratslav faz um instigante comentário sobre a seguinte passagem talmúdica:

> Quando Salomão casou-se com a filha do faraó, o anjo Gabriel desceu à Terra e fincou um graveto no oceano. Resíduos do oceano foram se acumulando junto a este graveto e foi se formando um areal que se transformou em terra. Nesta terra, a cidade de Roma foi fundada. Mais tarde, os romanos destruíram o Templo Sagrado [que ele, Salomão, construíra].

Decifra Reb Nachman seu conteúdo, dizendo:

Se alguém internaliza uma sabedoria estranha ao espírito da verdadeira Sabedoria, cria em si "bolsões de resistência" à compreensão. "Salomão" representa sabedoria. "Filha do faraó" é um termo que remete à escravidão e a padrões de condicionamento [estar no Egito, no sentido metafórico, é geralmente associado à questão do vício e da dependência]. "Casar com a filha do faraó", portanto, simboliza a associação de uma sabedoria potencial [Salomão] a uma sabedoria estranha. A mente, por sua vez, é chamada de "oceano". Os bolsões de resistência à verdadeira sabedoria são representados por Gabriel descendo à Terra e fincando um graveto no oceano. Os resíduos que se formam neste fenômeno constituem terra firme para "Roma".

Roma, por sua vez, é a característica que invade e toma conta de tudo, destruindo qualquer possibilidade de sentido. Sentido é chamado de um "Templo Sagrado".

A verdadeira desprogramação da mente dá espaço à literalidade e à constituição de um texto matriz. Sem este esvaziamento real da mente não há possibilidade de criarmos receptáculos com a qualidade de reter conhecimento. Os pseudorreceptáculos criados por "gravetos" cravados em nossos pensamentos são pouco resistentes, na medida em que instauram uma forma que não é forma. Sua constituição frágil deve-se à mistura de forma e essência numa única unidade. Receptáculos verdadeiros, porém, são feitos de forma pura.

A mente, tal como o Todo-poderoso, tem de abrir espaço em si mesma para criar e ser criativa. Caso contrário, ela destrói templo após templo, revertendo tudo a seu estado de ausência de significado. Poder residir na forma é poder aceitá-la em seu estado bruto, sem tentar recompô-la pela eliminação de suas arestas e pelo preenchimento de seus vazios. Em nossa mente, isto corresponde à menor predisposição possível a manipular ou corromper enunciados. Cada "casamento", cada interpolação de uma busca nova com os condicionamentos de buscas antigas leva à impossibilidade de enxergar e compreender. Destrói, portanto, templos erigidos para conter em si o sagrado saber.

Bloqueios estéticos – dificuldades de exercitar a ignorância

"Nem todos se contentam com a própria aparência, mas todos se contentam com o próprio cérebro."
(Provérbio iídiche)

Somos de tal maneira prisioneiros de nossa mente que dificilmente nos sentimos insatisfeitos com ela. Um dos personagens mais caricaturados na tradição literária judaica é justamente o "gênio", que pode ser definido como aquele que é seduzido pela beleza da própria mente. Sua mente lhe parece tão perfeitamente concebida e sempre tão naturalmente apropriada em tudo que pensa que ele sofre por não entender por que os outros, o mundo externo, têm tanta dificuldade em reconhecer seu talento, seu maravilhoso senso de estética. Perdidos no labirinto de suas filosofias, estes indivíduos encontram sempre saídas e respostas que, na realidade, não lhes permitem nem sair nem responder.

Em outras palavras, é preciso saber ser ignorante. Exercitar o reconhecimento das áreas não estéticas de nossa mente é uma etapa fundamental no processo do saber. Isto porque só é possível romper certos impasses importantes na tentativa de encontrar soluções se investimos em nossas ignorâncias, em vez de tentarmos maximizar nossos saberes. O bom pesquisador é aquele que sabe usar a cesta de lixo com acurada propriedade. Sabe, portanto, quando se dedicar à sua ignorância, evitando perder tempo com seu conhecimento exaurido.

Pergunta o professor: "Como você dividiria em partes iguais 11 maçãs entre 12 crianças?" Responder-se-ia de forma não estética: "É simples: faria uma compota."

Duvidar de nossa estética é um processo bastante saudável que amplia nossa eficácia na vida. O literalista tem um papel importante nesta tarefa. Ao delimitar e frisar o que é afirmado num texto ou num enunciado, explicita o que não foi dito e tem grande acesso a suas ignorâncias. Os que trabalham com simbolismos, metáforas e alegorias muitas vezes têm menos clareza acerca das ignorâncias circundantes. Sua tendência a estruturas estéticas é bem mais intensa, pois consideram que textos e enunciados devem dar conta de contradições, desconexões, excessos ou omissões.

O erro mais grave e comum do "gênio" é estabelecer uma lógica autocentrada que pouco ou nada tem a ver com o mundo exterior. O "gênio" acredita que o saber é estático, que lhe basta escolher dentro de sua mente as opções que lhe pareçam mais estéticas, e o cosmos se adequará a elas. Um bom exemplo nos é dado por este episódio narrado no folclore judaico:

O Sr. Shapiro tivera um ótimo ano nos negócios e decidiu fazer um cruzeiro para a França pela primeira vez na vida.
No jantar da primeira noite, mostraram a Shapiro seu lugar numa mesa a ser dividida com um senhor francês bastante elegante. Quando Shapiro se aproximou, o francês se levantou e curvou-se dizendo:
– *Bon appétit!*
– Shapiro! – ele retrucou.
Este ritual se repetiu a cada refeição. No último dia da viagem, Shapiro encontrou-se com o *maître* e comentou que havia sido muito agradável a companhia do Sr. Bon Appétit.

– Mas, Sr. Shapiro – retrucou o *maître* –, *bon appétit* não é o seu nome, é simplesmente a expressão francesa usada para se desejar uma boa refeição a alguém.
– É mesmo? – disse Shapiro pensativo. Mal podia esperar para retificar aquela situação.

Naquela mesma noite, no jantar, antes que seu companheiro pudesse dizer qualquer coisa, Shapiro pôs-se de pé e cerimoniosamente curvou-se, declarando:
– *Bon appétit!*
Ao que o francês respondeu sorridente:
– Shapiro!

Shapiro reage à expressão *bon appétit*, interpretando-a como sendo o nome de seu companheiro de jantar. A facilidade com que se torna presa de sua preconcepção quanto à natureza da troca que efetua com o companheiro indica a dificuldade que tem de relacionar-se com a própria ignorância. Sua primeira compreensão torna-se inquestionável e aparentemente não averigua outros possíveis significados para *bon appétit*. No entanto, sua figura torna-se ainda mais caricata quando, ao descobrir o significado da expressão, insiste em assumir que sua lógica não interage com a do mundo exterior. Ao interpretar a realidade, Shapiro criara um texto. Quando descobre que a realidade era diferente, modifica sua interpretação, mas continua utilizando-se do texto que criara.

Cenas como esta se repetem cotidianamente na comunicação entre cônjuges, entre empregados e patrões, entre amigos ou irmãos.

Saiba ser sensível a todas as possibilidades que um enunciado ou contexto apresenta. Seja um literalista e busque listar todas as realidades compatíveis com o que não sabe. Nesta averiguação de ignorâncias, podemos até não compreender o que o outro diz, mas conseguiremos evitar desdobramentos que levem a maiores obstáculos na compreensão. Caso você esteja preso a uma leitura errônea da realidade, saiba tratar seu erro como parte integrante da nova realidade.

Valorizando a ignorância

Legitimar a consciência da ignorância como parte do patrimônio do saber é fundamental a qualquer tipo de pesquisa. A ineficácia se alimenta, em grande parte, dos condicionamentos e ansiedades criados pela própria natureza humana. Representa, portanto, uma grande fonte de desperdício a facilidade com que nos desviamos de nossos objetivos sem termos consciência disto. Esta é a razão pela qual o mapeamento da ignorância pode ter um efeito tão econômico no esforço pelo saber. Numa pergunta fundamental para a questão da produtividade, por exemplo, os rabinos inquiriam seus discípulos: "O que é melhor: um cavalo rápido ou um cavalo lento?" E respondiam: "Depende de estar-se ou não no caminho certo."

É evidente que um cavalo rápido é preferível, pois a condição "cavalo" pressupõe transporte, e este pressupõe eficácia, em termos de se dar no menor tempo possível. Com esta pergunta, os rabinos visavam provocar os condicionamentos que automaticamente fariam seus discípulos identificarem no cavalo rápido a melhor opção. Buscavam, assim, despertar neles o reconhecimento de que qualquer pergunta propõe ignorâncias e que conhecê-las é fundamental para respondê-la. São as sombras que auxiliam na nitidez dos contornos. Se um caminho estiver errado, será melhor um cavalo lento, considerando-se que ele avançaria menos na direção errada até a pessoa se dar conta de seu equívoco. É necessário reconhecermos que um enunciado direciona a uma dada resposta, mas, no processo de encontrá-la, é preciso que se faça o mais vasto levantamento de possíveis incógnitas relevantes.

Mesmo que as incógnitas sejam primeiramente percebidas como obstáculos à informação, elas servem para orientar e iluminar formas de respostas mais eficazes. Se não sabemos qual o caminho certo, conhecer os riscos envolvidos na utilização de um "cavalo rápido" possibilita que intensifiquemos nossas buscas, a fim de estabelecer o mais prontamente possível a direção correta. O Besh't, mestre e fundador do chassidismo, sintetiza esta noção de forma singular:

Conta-se que um devoto veio até o Besh't queixando-se:
– Tenho me esforçado bastante para servir ao Eterno da maneira mais sincera e verdadeira, mas não percebo nenhuma melhoria ou aperfeiçoamento. Continuo sendo a mesma pessoa ordinária e ignorante de antes.
– Você alcançou a consciência de que é ordinário e ignorante, e isto já é um grande feito – respondeu o Besh't.

Esta é uma das facetas da realidade do aparente do aparente que mais podem contribuir para a compreensão do oculto. E não é de admirar que a dimensão do oculto do oculto faça fronteira com a do aparente do aparente, justamente onde a ignorância do último se delineia. É talvez como compreender que não existe a possibilidade de ser um bom cabalista sem antes ser um literalista consistente. Todo aquele que deseja aprender do óbvio deve voltar-se para aquilo que o óbvio pode ensinar sobre o que não é óbvio. Infelizmente, na maioria das vezes, somos cativados pela estética do óbvio e o absorvemos com um ilusório senso de superioridade. Percebemos a clareza e nos sentimos poderosos, enquanto o lugar do saber está na intimidante percepção das escuridões.

Nada suscita maior percepção das trevas que a luz da obviedade.

Leve isto ao coração.

Patologias da obviedade

Se, por um lado, o universo do aparente do aparente é bastante funcional, por outro carece da sofisticação necessária para garantir sua sobrevivência. A competitividade desta dimensão é insuportável. Todos pensam igual, vão aos mesmos lugares, tentam as mesmas coisas, têm as mesmas grandes ideias etc. porque estão no reino do aparente do aparente. Toda a travessia desde o enunciado até a resolução de uma questão mais profunda passa pela prospecção nas distintas realidades de aparentes e ocultos.

Uma história em particular é fundadora da mística judaica e demonstra a relação profunda que existe entre outras dimensões e a do aparente do aparente – em particular, entre a literalidade e o oculto. Trata-se da história dos quatro sábios que adentraram o *pardes*. *Pardes*, que literalmente quer dizer pomar, dá origem às palavras *paradiso* e *paraíso*. Mais que isto, *pardes* é um termo composto pelas iniciais das quatro formas de interpretação que marcam o pensamento segundo a tradição judaica: "Pa", a inicial de *p'shat* (ordinário), representa a dimensão da literalidade; "R", a inicial de *remez* (vestígio), remete ao nível alusivo e metonímico; "De", da palavra *derash* (extraído), aponta para a instância da metáfora e do simbolismo; e "S", de *sod* (secreto), compõe o território do mítico e místico.

Conta esta lenda que os quatro sábios penetraram no "pomar" de interpretações. Como resultado desta aventura, um deles conseguiu sair ileso, um morreu, outro enlouqueceu e o último tornou-se um herege.

Se pensarmos nesta incursão ao pomar como uma imagem figurada do próprio ato de pensar, talvez possamos fazer algumas analogias interessantes. Primeiramente, aquele que consegue sair ileso representa alguém que pode passear pelos mundos do oculto do aparente, do aparente do oculto e do oculto do oculto com a segurança de que emergirá novamente na estrutura do aparente do aparente sem perda de sua funcionalidade. Tal indivíduo consegue, portanto, colher frutos deste pomar tão denso e envolvente, resgatando-os para uma dimensão onde podem ser usufruídos. O óbvio pode ainda ser resgatado, como terra firme em meio a toda a instabilidade e fluidez destes outros mundos.

Já o indivíduo que perde a vida representaria a profunda desconexão experimentada entre o objeto de inquisição, a pergunta original, e as respostas obtidas. Neste caso, haveria uma ruptura irreversível entre a lógica do problema original e a geração de sabedoria, resultando numa desintegração absoluta da dimensão do aparente do aparente. Não restaria, portanto, nenhuma forma de comunicar respostas dentro desta realidade, extinguindo-se qualquer possibilidade de retorno – nada poderia ser apreendido deste passeio. Para este tipo de experiência, *pardes* não produz qualquer melhoria na condição do saber nem a ela conduz. Representaria o oposto de sair-se ileso – sendo que por "ileso" representa-se um estado de possível ampliação do saber, seja por conhecimentos ou por uma maior consciência de desconhecimentos. Se quiséssemos estabelecer uma relação com patologias possíveis, diríamos que a incursão que resulta em "morte" representa uma exposição a dosagens excessivas da dimensão de *sod* (secreto), onde o oculto do oculto impossibilita qualquer contribuição na tentativa de responder. O escuro invade o espaço da claridade óbvia.

A incursão, por sua vez, que resulta em "loucura" expressaria o exagero ou a ênfase desmedida colocada na dimensão de *derash* (metafórico/simbólico), estabelecendo uma relação desvirtuada com o aparente do aparente por conta deste excesso. Neste caso, as respostas geradas a partir da visita ao pomar podem até mesmo tangenciar a questão original, mas não conseguem concretizar-se em termos práticos. Tais respostas permanecem constantemente no nível onde predomina o oculto do aparente, como estudaremos adiante. Elas produzem, portanto, absurdos que se transformam em obstáculos intransponíveis à praticidade e funcionalidade de uma resposta. Esta dimensão de "louco" mantém uma relação truncada com o aparente do aparente. Traz frutos do pomar que não são comestíveis, ou respostas que não respondem.

Já a incursão que gera como resultado o herege indica uma patologia típica de uma intoxicação com a dimensão de *remez* (alusiva/metonímica). Neste caso, exerce uma sedução traiçoeira à instância do aparente do oculto. Como veremos adiante, esta funciona de forma a relacionar inapropriadamente segmentos de dúvida e resposta. O aspecto aparente do aparente do oculto passa a ser compreendido como redutível à dimensão do aparente do aparente, passando-se por uma resposta. As alusões derivadas de seu processo de pensar (passear pelo pomar) tomam o lugar do objeto de pesquisa inicial, e a resposta gerada pode até ser uma resposta, mas para outra pergunta. O herege, portanto, consegue uma resposta, diferentemente do louco ou do morto, mas não consegue convencer-se de que a está atrelando a uma pergunta equivocada. Acreditar que uma resposta é legítima para uma pergunta específica, quando não é, traz inúmeras complicações ao processo de pensar. O herege traz frutos comestíveis, mas eles estão podres. Ele não soube converter a composição molecular destes frutos do pomar para a realidade objetiva, e os traz mesmo em sua forma mutante.

As patologias que emergem na realidade do aparente do aparente e que tão comumente interferem nas eficácias dizem respeito a teorias não aplicáveis (morto), a desvios permanentes da objetividade (louco) e a equívocos internalizados (herege).

Os mundos com que os sábios interagem no *pardes* são de extrema periculosidade porque o domínio de um deles representa a impossibilidade de colher frutos. É importante ainda salientar que o mundo do aparente do aparente oferece o mesmo tipo de riscos que os demais. O prisioneiro do óbvio, o simplório, com certeza acaba experimentando um pouco de todas as demais patologias: morte, loucura e heresia. Isto porque não compreende de verdade a realidade e impõe uma luz que cega, em vez de iluminar.

É importante conceber que o pensamento, que a visita a um *pardes*, com a seriedade e o compromisso de encontrar uma resposta, é de ordem interativa. As respostas não estão em nenhum dos mundos de aparentes e ocultos, mas na transitividade que estes instauram. Ou seja, as incursões pelo pomar resgatam os frutos-respostas mais adequados a uma dada questão num dado momento.

O OCULTO DO APARENTE

Problema metafórico

O oculto do aparente

"Quando o convidado tosse, está lhe faltando a colher."
(Provérbio iídiche)

Mashal e Nim'shal – A mente é um picles

O oculto do aparente é ainda uma dimensão do aparente ou da própria consciência. Sua natureza oculta reflete meramente o fato de que o aparente encontra-se encoberto por algo que também é de natureza aparente. Em momento algum esta dimensão propõe algo que não possa ser categorizado como óbvio, apenas este óbvio encontra-se numa condição de oculto. Em geral, a descoberta de algo oculto do aparente gera em nós uma grande surpresa: como é que não percebemos antes? As parábolas e as histórias muitas vezes são utilizadas como instrumento nesta tarefa de revelar informações, conceitos ou situações aparentes que estejam num dado momento ocultos.

Esta dimensão, na verdade, tem como característica principal o fato de que o elemento oculto atua salientando o aspecto aparente. Ou seja, o aparente não seria tão aparente não fosse sua parceria com seu elemento oculto.

Para a tradição interpretativa e de processamento de pensamento judaica, algo conceitual pode aparecer em dois distintos estados: o de *Mashal* (significador) e o de *Nim'shal* (significante). Para visualisarmos melhor, imagine que a água aparece, por exemplo, em uma forma oculta do aparente quando no estado sólido, ou seja, enquanto gelo. Neste caso, diríamos que o gelo é o *Nim'shal*, e a água, seu *Mashal*. A água revela propriedades e naturezas do gelo que são mais evidentes na água que no próprio gelo. Em termos de análise mental, isso equivaleria a nos perguntarmos: com que isto se parece? Uma coisa não é tão claramente uma coisa até que possamos dizer que se parece com outra. O significador é, portanto, aquilo que achamos de semelhante ao significante. Fazemos isto de forma mais natural com relação às diferenças. Dizer que algo difere é para nós mais simples porque a diferença é da ordem do aparente do aparente. Alto/baixo, gordo/magro, bom/ruim, seco/molhado ou grande/pequeno são diferenças evidentes. É bem verdade que similarmente às semelhanças existe uma relação recíproca de significante e significador entre os diferentes – compreendemos o alto melhor à luz do baixo, da mesma forma que é mais nítido o significante gordo quando associado ao seu significador magro, e vice-versa. A semelhança, no entanto, traz em si uma ordem oculta de aproximação, que em momento algum se iguala como na oposição à diferença.² E isto é óbvio: é da natureza da criação que cada coisa seja diferente da outra, mas nada seja identicamente igual sem que seja o mesmo. Desta forma, vemos que a semelhança será sempre uma aproximação, o que permitirá nuanças distintas que não existem na identidade absoluta ou opostamente absoluta.

Sabemos mais quando algo é semelhante a outra coisa do que quando é diferente de outra coisa.

---

[2] É verdade que nem toda diferença é o oposto. Neste caso, coisas "semelhantemente diferentes", em vez de "absolutamente diferentes", também pertencem à realidade do oculto do aparente e permitem interpretações no terreno da metáfora e do simbólico.

No caso de estruturas do oculto do aparente, o significador não define o significante, mas revela modelos e processos de pensá-lo e entendê-lo melhor. Uma vez que o desvendar de semelhanças acaba por gerar estes processos, são as semelhanças que revelam esta dimensão do oculto do aparente. Tomemos como exemplo algumas relações *Mashal* e *Nim'shal*. No conto "Mendel Marantz", de David Freedman, encontramos alguns:

"O que é um aluguel? Uma multa por ser pobre.
O que é dinheiro? Uma doença que gostamos de pegar, mas não de disseminar.
O que é pessimismo? Um fósforo queima a mão.
O que é otimismo? Uma vela que ilumina o caminho.
O que é uma mulher? Um relâmpago – lindo e brilhante até que lhe caia à cabeça.
A que se assemelha o amor? À manteiga: só é boa com pão."

Estes significantes associados a seus significadores – "aluguel/multa", "dinheiro/doença", "pessimismo/fósforo", "otimismo/vela", "mulher/relâmpago", "amor/manteiga" – tomam-se mais nítidos, pois abrem o leque de possibilidades de pensá-los e conhecê-los. Assim sendo, "encontrar algo que se assemelhe" é uma forma de saber. Um aluguel não é uma multa, mas ao pensarmos em todos os aspectos em que um aluguel pode ser uma multa descobrimos mais sobre esta realidade.

Podemos sempre aprender algo por meio deste método de extrair *Mashal* de *Nim'shal*. Assim, a busca das semelhanças é um instrumento fundamental da pesquisa e da cognição. Aos dois anos de idade, meu filho costumava dizer: "Parece... mas não é." Esta afirmação dava concretude a coisas que se apresentavam na forma de seu oculto do aparente. Ao fazer uma coisa se assemelhar a outra garantindo que não eram idênticas, ele aprendia sobre o mundo. Desta forma, tudo tem algo a ensinar sobre tudo, desde que haja uma relação de semelhança.

Conta uma história chassídica:

– Podemos aprender alguma coisa de tudo que existe neste mundo – afirmou o rabino de Saragoça.
– O que podemos aprender de um trem? – desafiou-o um discípulo.
– Que, por causa de um segundo, podemos perder tudo.
– E de um telégrafo?
– Que cada palavra é contada e por ela seremos cobrados.
– E do telefone?
– Que o que dizemos aqui é escutado lá.

Poderíamos prosseguir com novas paráfrases: a bicicleta, que é como a vida, não se pode parar de pedalar; como acontece com o rádio, quem está na estação X não pode estar na estação Y; assim como quando passamos um fax, só há comunicação quando o outro dá o sinal. Até mesmo do micro-ondas pode-se tirar uma lição: é melhor manter a espiritualidade em fogo baixo, pois certos atalhos podem fazer a alma ficar queimada na superfície e fria no interior.

As soluções na dimensão do oculto do aparente se expressam pelas semelhanças. Se na realidade do aparente do aparente o que interessa é o que é, aqui interessa o que se aproxima. Aproximações explicam mais do que a rigidez da conclusão estática de uma resposta objetiva. O elemento "oculto" desta dimensão rende-lhe a dinâmica do que está "próximo". Isto porque o que está "próximo" não está concluído e permanece revelando infinitas nuances da possível resposta. Há aqui uma eficácia que se expressa mais em termos conceituais e formativos do que funcionais.

Reframing/recontextualizando

O método de *reframing* é outra maneira de perguntar "a que isto se assemelha". Aqui, no entanto, a ênfase está em separar-se um dado texto do contexto em que é apresentado. Ler um enunciado ou compreender uma situação de outra perspectiva é uma forma de identificar a que realmente algo se assemelha, sem desvios ou deturpações.

Em casos de perdas, por exemplo, é muito comum a tradição judaica evocar esta técnica de recontextualização como forma de consolo e aceitação. Quando algo ruim de pouca importância acontece, tal como a quebra de um copo ou um prato, é condicionamento imediato da tradição judaica se dizer *"mazal tov"* – "que sorte!". O sentido deste *reframing* é expressar: que bom que foi apenas algo insignificante que quebrou; agora você sabe que anda distraído e pode cuidar para que um acidente de maiores consequências não venha a ocorrer. Assim sendo, a perda de dinheiro, o bater com a roda do carro no meio-fio e inúmeras situações que para muitos são sinal de azar podem ser recontextualizadas como sorte. Com certeza, esta foi uma lição aprendida das agruras que marcaram a história dos judeus ao longo dos séculos. É um saber da sobrevivência, como explicita o *reframing* desta conclusão: "É melhor o judeu perder a barba do que a barba perder o judeu."

A recontextualização é muito importante na resolução de problemas, já que ela expõe elementos ocultos do óbvio. Vejamos esta situação, narrada numa história da tradição judaica:

Certo rapaz trabalhava na loja do pai e flagrou um funcionário roubando. Procurou o pai e, depois de relatar o fato, perguntou:
– O que devemos fazer com este sujeito?
– Dê-lhe um aumento de salário – disparou o pai sem pestanejar.
– Um aumento? – questionou o filho surpreso.
– Se ele roubou, é sinal de que está recebendo pouco – explicou o pai.

O rapaz esperava inicialmente algum tipo de punição e não uma recompensa. A leitura que o pai faz do episódio, que pode não se adequar a qualquer situação de roubo, provavelmente traduzia uma visão bastante sensível da realidade. A recontextualização do acontecido teve como consequência a preservação de um bom funcionário e o ajuste de um salário inapropriado. O filho se encontrava seduzido pela estética da lógica que pedia alguma punição. Sem o conhecimento do *reframing*, as opções estão reduzidas a um único plano de possibilidades. Neste caso, qual punição se deveria aplicar.

Esta perspicácia de não se estar preso a um único contexto é, com certeza, derivada da incorporação da consciência das ignorâncias e das incertezas ao patrimônio do saber. O Talmude pergunta: "Dois homens entram numa chaminé; um deles sai com o rosto sujo de fuligem, e o outro, com o rosto limpo. Quem irá lavar o rosto?" A resposta certa é: o de rosto limpo. Por quê? Porque ao ver o companheiro de rosto sujo, imagina que tem de se lavar. Seu companheiro, por sua vez, ao ver o seu rosto limpo, não atina para a necessidade de se lavar.

O aparente induz ao erro; é necessário revelar outras formas de se lidar com o aparente onde se façam conhecidos os seus elementos ocultos.

O mestre da dimensão do oculto do aparente consegue ter sua mente sob um estado plástico. Sua maleabilidade lhe permite estar livre dos rigores do texto literal, ainda que se baseie nele.

Para este, os enunciados devem ser ouvidos com o necessário distanciamento para que as estéticas da lógica não se apossem de nosso discernimento.

Conta-se que o rabino de Berdichev viu um homem correndo pelas ruas sem olhar para a direita ou esquerda.

– Por que você está correndo deste jeito? – ele perguntou ao tal homem.

– Estou correndo atrás do meu sustento, rabino – o homem respondeu.

– E como é que você sabe que seu sustento não está correndo atrás de você? Quem sabe está logo ali e você só precisa ficar quieto para encontrá-lo.

Neste caso, o rabino consegue fazer um jogo com a própria imagem que o personagem evoca – a de estar correndo atrás de seu sustento. O rabino é conhecedor da dimensão do oculto do aparente, pois não perde, em momento algum, a perspectiva da contextualização correta do que experimenta. Sua leitura do comportamento de "não olhar para a direita nem para a esquerda" rapidamente aponta para a falta de "presença" do dito homem. É esta "presença" que na verdade se traduz em oportunidade – e o que é oportunidade? Sustento!

Este exemplo, bem como o do funcionário que rouba na loja, expressam o quanto o oculto do aparente pode ter consequências diretas no mundo funcional e prático. Esta dimensão, no entanto, possibilita uma contribuição de outra ordem. Isto porque a resolução prática de problemas é sempre da dimensão do aparente do aparente. O oculto do aparente ilumina o local a partir do qual perguntamos. Na verdade, todas as demais dimensões, salvo a do aparente do aparente, são estágios do universo da pesquisa e das elucubrações. Conquistar compreensão de problemas nestes estágios não é necessariamente resolvê-los, mas é de tal forma iluminar a escuridão que os circunda que se tornam presas fáceis das soluções da dimensão do aparente do aparente. Vejamos, por exemplo, esta história chassídica:

> Rabi Iehiel Machal viveu em absoluta pobreza, mas a alegria nunca o abandonou. Certa vez, alguém lhe perguntou:
> – Rabino, como o senhor pode rezar, dia após dia, *"Abençoado és Tu, que me supres de tudo de que necessito"*, se ao senhor falta tudo de que um ser humano necessita?
> Ele respondeu:
> – Minha necessidade é, provavelmente, a própria pobreza, e isto é o que me tem sido fornecido todos estes anos.

Há um *reframing* absoluto neste episódio, em que a própria pobreza pode ser aquilo que falta a um indivíduo. A "pobreza" passa a representar algo com um potencial positivo. Tal como a ignorância compõe o saber juntamente com a informação, também a carência compõe o sustento juntamente com aquilo que é suprido. Talvez a satisfação, como um processo semelhante ao saber, não seja uma medida absoluta, mas uma condição de conforto adquirida pela consciência da carência, impregnando de relevância aquilo que é suprido. Mas isto é filosofia e aqui estamos interessados em metodologia.

A colocação de Rabi Iehiel é importante não por sua resignação ou por seu aspecto teológico, mas pela capacidade de suspeitar de qualquer proposta de encaminhamento de raciocínio. Mesmo a medida de nossa necessidade, que nos pareceria um dos elementos mais concretos que podemos apontar neste universo, é em realidade uma concepção da mente humana. O ato de recontextualizar é uma forma subversiva de tratar a realidade. É em geral uma sublevação contra a unanimidade ou o consenso. Dizia Walter Lippman: "Quando todos pensam igual, ninguém está pensando." O *reframing* é, acima de tudo, um sinal de que há atividade no pomar. Reconhece, assim, que as "verdades" podem ser impostoras e que os processos de pensamento são fraudulentos e facilmente corruptíveis, existindo uma dimensão emocional e afetiva e não meramente intelectual no ato de pensar.

Política e raciocínio –
não posso ou não quero

Entre todos os *reframings*, há alguns que são paradigmáticos, sendo central para a experiência humana do raciocínio aquele que suspeita de nossa impossibilidade de compreensão como sendo produto de nossa não vontade. Os mestres chassídicos utilizavam este conceito constantemente. Diziam a seus discípulos, quando se mostravam incrédulos ou com dificuldade de acompanhar certos raciocínios: "Vocês não podem compreender ou não querem?"

Não há dúvida de que este é um dos maiores bloqueios da dimensão emocional ou do nível do oculto do aparente. Cada um de nós tem interesses investidos em diversas formas de agir e pensar que estão tão enraizados, que possuem um *lobby* tão estruturado em nosso tecido de compreensão da vida que nos é quase impossível romper com eles. Quando dizemos "não posso", não estamos usando uma medida de impossibilidade intelectual, mas de ordem emocional. "Não posso" quer dizer "não quero".

Os judeus-russos costumavam ironizar durante os anos da Guerra Fria: "Se você colocar um russo contra a parede e exigir dele uma opinião, certamente ele responderá: 'Claro que tenho uma opinião, mas não concordo com ela.'"

Na dimensão do oculto do aparente, só é possível a descoberta e a revelação quando o *self* pode sobrepor-se ao ego e a todos os seus compromissos. Catarses, que muitas vezes são *reframings*, representam uma negociação levada a bom termo, em que o ego assume compromissos com este Eu maior de cada um.

Todo indivíduo deve saber fomentar e fortificar sua "oposição" interna à tirania de nossos confortos e interesses menores. Sentir-se à vontade, ou poder flertar com aquilo em que não acredita e de que não gosta, é permitir uma janela à dimensão do oculto do aparente.

Fazer isto representa, nesta dimensão específica do oculto do aparente, mapear "ignorâncias" circundantes. Porque, se na dimensão do aparente do aparente a ignorância é tudo o que não é explicitado por uma dada lógica, nesta dimensão emocional, a ignorância é tudo o que é imposto para preservar um dado modelo de equilíbrio emocional. Poder fazer um levantamento destes compromissos políticos que determinam como a realidade deve ser compreendida é uma forma de tornar-se sábio. Isto acaba por permitir ultrapassar não só nossas próprias "couraças", mas também a de outros indivíduos, o que possibilita que sejam compreendidos não apenas à luz do que dizem e fazem, mas também do que não dizem e não fazem, como veremos adiante na questão da "transparência".

Devemos nos portar de forma a fazer de nosso *self* talvez mais um juiz do que um sábio. Sua tarefa não é apenas a de julgar os fatos, mas principalmente de verificar a integridade das testemunhas e das propostas apresentadas a julgamento. Julgar é somente um dos componentes de um longo processo de averiguação para se determinar a consistência dos fatos-alicerces sobre os quais se depositará uma compreensão ou decisão.

O ato de recontextualizar é equivalente a acarear as "testemunhas" e remontar um caso a partir da perspectiva das diferentes partes, interessadas em mascarar a verdade. Estes interesses revelam a verdade intensa que se oculta na dimensão do "poder" não como uma possibilidade, mas como uma questão de força.

Encontramos uma metáfora deste processo de identificação de nossas ignorâncias, ou melhor, de nossa boçalidade e rudeza no que diz respeito a compreender o que não nos interessa compreender, numa história chassídica sobre a metodologia do pensar:

Certa vez, um rabino observou de longe um trapezista que se equilibrava na corda bamba. Quando ele encerrou suas atividades, foi interpelado pelo rabino:
– Qual é o segredo para conseguir equilibrar-se?
– Para onde você acha que se deve olhar para encontrar equilíbrio? – perguntou o trapezista.
– Com certeza, não é nem para o chão nem para a corda – respondeu o rabino.
– Correto – concordou o equilibrista –, devemos olhar sempre para o poste no final da corda. E qual é o momento mais perigoso?
– O instante em que se tem de dar a volta e se perde momentaneamente o poste de vista – respondeu o rabino.
– Exatamente – concordou o trapezista.

O ato de pensar não pode estar comprometido com o imediatismo do próximo passo. Assegurar-se de que o próximo passo será correto é similar a olhar para a corda. Compromete-se, assim, a caminhada maior que deve estar sempre vinculada à meta, ao poste no final da corda bamba. Qualquer pesquisador sabe que são os momentos de virada, quando permanecemos sem o poste diante de nós, que representam os momentos-chave para a manutenção do equilíbrio e para que possamos levar ao final o processo de inquirição.

Os momentos em que pisamos a corda são os que traduzem a dimensão do aparente do aparente. Aqueles em que olhamos para o poste, que nos permitem recontextualizar cada pisada, são típicos de acesso à dimensão do oculto do aparente. Os instantes, entretanto, em que ficamos sem "postes", os momentos de virada, pertencem a uma realidade distinta – a realidade do oculto, seja do aparente do oculto, seja do oculto do oculto, como veremos mais adiante.

Atravessar a corda bamba do pensamento sem cair por conta do próprio desequilíbrio diz respeito ao questionamento dos interesses menores e imediatos, ao próximo passo na corda, por conta do objetivo maior de concluir com sucesso a travessia no trapézio do pensar.

Transparência

Quem conhece formas de compreender o que não é dito pelo que é dito, quem consegue questionar os "não poderes" como sendo "não quereres" e quem dispõe de condições para recontextualizar situações acaba por romper inúmeras das "cascas" com as quais a realidade se reveste. Consegue, entre outras coisas, desmontar a dissimulação que comumente os seres humanos engendram pelo comportamento, e enxergar uma transparência que surpreende e amedronta.

É famosa a história de um Reb chassídico que tinha poderes de ler o que se passava na alma de uma pessoa olhando apenas para sua fronte. Quando foi visitar uma certa cidade, seus cidadãos, com medo destes poderes, encobriram a fronte com chapéus. Ao chegar à cidade, o rabino comentou: "Tolos! Se posso ver por trás de suas cabeças, acaso seria um chapéu que me impediria de ver?"

A verdade é que não percebemos quão transparentes somos. Achamos que podemos disfarçar e dissimular nossos sentimentos por ações ou reações, e não compreendemos que externamente eles são avaliados por uma gama muito maior de indicativos. Não são poucas as vezes em que realizamos malabarismos mentais repletos de explicações e justificativas na tentativa de demonstrar algo que se evidencia ser justamente o oposto. Quanto mais buscamos maquiar a verdade, mais ela se revela. Esta transparência advém de inúmeras informações que oferecemos com "sinal invertido", que fornecem a quem as ouve dados cada vez mais explícitos de que não se trata de algo sincero. Todos dispomos deste aparato para compreender a realidade, quando ela se apresenta em sua forma oculta do aparente – dissimulada, porém evidente.

Pode ocorrer que o ato de tornar uma pessoa transparente se mostre uma forma de aproximação de um indivíduo. Se isto não for feito de maneira a expor o ridículo da dissimulação, se conseguir estabelecer um vínculo mais sincero entre pessoas, o "desmascaramento" acaba revelando-se ao dissimulador como uma expressão de inteligência das mais cativantes. Analisemos a seguinte história:

> Michal, o rabino da cidade de Zlotchov, procurou o Baal Shem Tov (o Besh't) quando ainda era muito jovem, com a intenção de averiguar se se tornaria ou não seu discípulo.
> Um dia, o Besh't levou-o consigo numa viagem. Depois de avançarem com a carroça por algum tempo, ficou evidente que não estavam na estrada correta.
> – O que é isso, rabino? – surpreendeu-se Michal. – Você não sabe o caminho?
> – Ele se revelará para mim na hora certa – respondeu o rabino.
> Seguiram por outra estrada, que também mostrou-se errada.
> – E então, rabino, acaso perdeu-se novamente? – inquiriu Michal.
> – Está escrito – falou calmamente o Besh't – que D'us materializará o desejo daqueles que O servem com sinceridade. E assim Ele estará materializando o seu desejo de ter uma oportunidade de rir de mim.

Estas palavras calaram fundo no jovem Michal. Sem mais se questionar, juntou-se a seu mestre de alma plena.

Os rabinos não gostavam de perder oportunidades de enfrentar insinceridades. Sabiam que elas têm um enorme potencial de ensinar. Conheciam o fato de que o "desmascaramento", revelando certos ocultos do que é aparente, aprimora metodologicamente o processo de pensamento. Cala fundo no "insincero" a delação de sua impostura, pois ela o expõe diante de intricadas redes e estruturas de pensar destrutivamente comprometidas com o "não saber".

Em seus julgamentos e intervenções, os rabinos utilizavam constantemente técnicas de "transparência" para despertar sabedoria. Bastava desnudar o oculto de certos aparentes para que novos caminhos de crescimento pessoal se fizessem possíveis. Seguem aqui dois exemplos da aplicação de transparência na resolução de problemas práticos.

Certo homem de conduta bastante questionável decidiu confessar-se com o rabino de Ropt'shitz, a fim de expiar seus erros. Embora estivesse com muita vergonha de contar ao justo rabino todas as suas falcatruas e desventuras, sabia que teria de relatá-las se esperava conseguir um meio de expiá-las.

O homem resolveu então dizer ao rabino que um de seus amigos fizera tais e tais coisas, mas sentia-se tão envergonhado para relatá-las pessoalmente que o havia comissionado para tal. Ele ouviria os conselhos do rabino e os transmitiria ao amigo.

Sorrindo, o rabino disse ao sujeito (que mantinha um semblante astuto e curioso):

– Seu amigo é um tolo. Ele poderia muito bem ter vindo até mim fingindo ser o representante de outra pessoa que estivesse envergonhada de vir confessar-se pessoalmente.

Com muito tato, o rabino opera o *reframing* da própria realidade, permitindo que o homem tenha uma perspectiva externa de si mesmo. Assim, ele se torna transparente a seus próprios olhos, o que lhe permite compreender a fragilidade de suas escaramuças, bem como discernir nelas a mesma natureza das faltas pelas quais veio pedir expiação.

A outra história conta o seguinte:

> Um pobre camponês, a caminho da cidade, deparou-se com uma carteira perdida na estrada. Dentro da carteira, encontrou o equivalente a 90 dólares, e um papel onde estava escrito um nome, um endereço e o seguinte bilhete: "Se achar esta carteira, por favor, devolva-a – 10 dólares de recompensa."
>
> O camponês rapidamente procurou o tal endereço e devolveu a carteira ao dono, que, em vez de mostrar-se agradecido, disse:
> – Vejo que você já descontou os 10 dólares de sua recompensa.
>
> O pobre homem jurou que não, mas o dono da carteira insistia que faltavam 10 dólares do total de 100 que havia em sua carteira.
>
> Resolveram, então, levar a questão ao rabino do local, que ouviu pacientemente as explicações do camponês e logo depois as do dono da carteira.
> – Em quem você vai acreditar, rabino? – desafiou-o o homem rico. – Neste camponês ignorante ou em mim?
> – Em você, é claro! – disparou o rabino, para desespero do camponês.
>
> Então ele pegou a carteira e deu-a ao camponês. Foi a vez de o dono da carteira exasperar-se:
> – O que você está fazendo?

– Você disse que sua carteira continha 100 dólares. Este homem diz que a carteira que encontrou tinha apenas 90. Assim sendo, esta carteira não pode ser a sua – disse o rabino com um ar conclusivo.

– Mas e quanto ao meu dinheiro perdido? – gritou indignado o homem.

– Teremos de esperar até que alguém encontre uma carteira com 100 dólares – respondeu o rabino calmamente.

Novamente a "transparência" permitiu ao rabino discernir o que sucedia na verdade. Sua solução para o problema veio justamente do dono da carteira. É ele que quer impor as condições de tudo, em particular da realidade. Pois que seja assim, que ela seja compreendida em seus termos, mas até às últimas consequências. No absurdo ou no absoluto do oculto se delineia o aparente, segundo a dimensão de resolução que tratamos.

Não havendo razão para duvidar da palavra de ninguém, é muito interessante percebermos a versão da realidade que se configura. É uma versão que não interessa a ninguém, pois é falsa e, em alguma medida, atinge também aquele que propaga falsidades. A compreensão de que não há forma de lidar desvirtuadamente com a realidade sem que isso resulte em "efeitos colaterais" de alguma ordem é a diretriz que estrutura o pensamento do rabino. Conclusões como esta são produto do acesso à "transparência".

Em ambos os casos narrados, os rabinos não se opõem às versões apresentadas. Conhecedores da realidade por meio da transparência, sabem manobrar dentro do território das versões para obter uma solução que seja apropriada à realidade, e não à versão em si.

Intervenções paradoxais

"O que há de mais pesado neste mundo? Um bolso vazio."
(Provérbio iídiche)

Outra maneira de iluminar áreas de ignorâncias é por meio da utilização de paradoxos. Os paradoxos são propostas de resposta que permanecem numa espécie de ressonância mental, produzindo vários insights acerca de uma questão específica. Os paradoxos podem se basear numa redundância ou na contradição. O primeiro caso pode ser ilustrado pelas seguintes colocações:

"Certa vez, ao jogar cartas com um amigo, como de costume, Morritz discutiu com seu companheiro e descarregou: 'Que tipo de pessoa pode ser você, se você se senta todos os dias para jogar cartas com um cara que se senta para jogar cartas com um tipo como você?'"

"Grouxo Marx enviou um telegrama para um clube de Hollywood que o convidara para tornar-se membro: 'Por favor, aceitem minha recusa. Não desejo participar de nenhum clube que me aceite como membro.'"

O uso de redundância, no primeiro caso, revela a dimensão de desconfiança e pouco caráter existente naquela interação. No momento em que um dos parceiros é desleal por alguma razão, o outro revela o oculto existente no aparente daquela situação. Sua forma paradoxal e redundante de se expressar traz cognição mais apurada sobre a natureza aparente daquela interação.

No segundo caso, Grouxo Marx quis expressar sua desaprovação a clubes que se pretendem elitistas e que escolhem, a partir de valores preconceituosos, que pessoas podem ou não a eles se filiar. Com sua recusa oculta do aparente, Grouxo consegue de forma astuta deixar os membros do clube com uma dúvida inquietante: ele não quer ser parte do clube, pois não é merecedor; mas se nós o escolhemos e o consideramos digno do clube, por que não faria parte de um clube de onde fosse sócio? Acaso não faria parte de um clube onde os associados fossem do padrão por nós estabelecido para a seleção dos membros?

Sem criar polêmica, estava dito o que Grouxo queria dizer. Sua forma sofisticada de afirmar isso não permitiu que o clube se sentisse ofendido, apesar de ter sido claramente criticado. A intervenção paradoxal permite soluções bastante eficazes no terreno da ironia e da crítica.

A tradição chassídica nos traz outro exemplo:

> Quando Rabi Menachem escrevia cartas, na terra de Israel, sempre as assinava nomeando-se: "Ele, que é verdadeiramente humilde".
> O rabino de Rizin certa vez foi questionado:
> – Se o Rabi Menachem era tão humilde, como poderia assumir para si mesmo este título?
> – Ele era tão humilde – disse o rabino de Rizin –, e sua humildade estava tão internalizada, que já não mais a considerava como uma virtude.

A intervenção paradoxal redundante neste caso lança luz sobre o predicado da "humildade". O rabino é tão humilde que pode considerar-se humilde, porque, para ele que é humilde, ser humilde não quer dizer nada. Assim sendo, o fato provocativo de autodenominar-se humilde visava a ampliar a cognição desta qualidade humana. Rabi Menachem provoca, por meio do aparente – do contraditório –, a possibilidade de absorver-se o seu oculto. Este oculto – tão humilde que nele a humildade não representa nada – explicita o aparente de ser realmente humilde.

O outro tipo de intervenção paradoxal apresenta uma estrutura contraditória, em que o oposto lógico consegue carrear maior entendimento a uma situação ou questão. É o que se observa na seguinte situação:

Dois membros da congregação conversam:
– Nosso rabino é uma pessoa tão bondosa e vive de maneira tão limitada devido a seu minguado salário! – diz um deles.
– É verdade – concorda o outro. – Para dizer a verdade, este homem provavelmente morreria de fome, não fosse o fato de toda segunda e quinta-feira ele jejuar.

O segundo participante do diálogo usa de uma intervenção paradoxal para revelar, de maneira ainda mais evidente, o que dissera seu amigo. Se o rabino não possuísse uma vida interior e espiritual, ele não suportaria um soldo tão irrisório. O fato de que seu jejum consegue ser uma "interrupção" na cotidiana falta de comida é, por um lado, absurdo, mas, por outro, provavelmente representa uma verdadeira fonte de alívio que permitia ao pobre homem viver em tais condições. A cognição se faz por meio do elemento paradoxal, que é um oculto de uma situação aparente.

A mesma situação pode ser observada na seguinte história:

Uma mulher de 82 anos adentrou o consultório do Dr. Mayerovitz.

— Doutor — disse ela sofregamente —, não estou me sentindo muito bem.

— Sinto muito, Sra. Kupnik; algumas coisas nem a medicina mais avançada pode curar. Não tenho como torná-la mais jovem, a senhora compreende.

— Doutor, quem foi que lhe pediu para fazer-me mais jovem? Tudo o que quero é que possa me fazer mais velha!

A insensibilidade do médico, que faz uma leitura errônea da realidade, conclui que a senhora vem lhe pedir algo impossível. Ele torna-se até mesmo caricato depois da intervenção conclusiva da mulher. Afinal, como profissional, cabia-lhe auxiliá-la, e não emitir um julgamento sobre os destinos da natureza e sua situação pessoal. Por meio de uma intervenção paradoxal, a senhora desmascara, por trás da leitura equivocada, a verdadeira forma de compreender a questão. Tal recontextualização pelo oposto recoloca o médico em sua posição e o faz compreender que o ridículo não está na situação da mulher, mas na sua afoita e errônea maneira de perceber a realidade. A intervenção paradoxal, muito mais do que uma resposta, serve como crítica mordaz de comportamento, particularmente por seu caráter "ressonante", que faz com que permaneça em nossos pensamentos.

Ironias

As ironias são também manifestações do mundo oculto do aparente. Elas representam formas de sair da realidade imediata, de observá-la a partir de uma certa distância, voltando em seguida a responder a ela de forma corrosiva e contundente. Como em outros métodos de revelar o oculto do aparente, a ironia faz uso da linguagem desvirtuada da realidade para, de dentro de si, abrir caminho à ofuscante luz do que é real. A ironia aparece, muitas vezes, sob a forma de um paradoxo, tendo como característica satirizar uma proposta disparatada, dando-lhe prosseguimento de modo até radical. Com isto, faz com que o próprio proponente de uma ideia inepta conclua sobre sua falta de juízo. A ironia não traz conclusões: apenas induz a reflexão, criando um efeito que enfatiza uma tolice ou um comportamento impróprio.

A leve tensão que paira no ar numa situação de ironia é criada pelo fato de o ironizador não dar o golpe final em sua presa, o ironizado. Isto faz com que também haja um efeito reverberador na ironia. É o que nos mostra a seguinte história:

Um camponês procurou um rabino e se lamentou:
— Rabino, estamos passando pela mais terrível seca dos últimos tempos. As plantações não estão dando nada; o gado está morrendo, e agora minha família está doente por causa da inanição. O que devo fazer?

– Não se preocupe – disse o rabino em tom tranquilizador.
– D'us proverá!
– Sim, claro, eu sei – concordou o camponês. – Eu apenas gostaria que Ele provesse *até* que Ele provesse.

A ironia não contradiz a fala do rabino. No entanto, a urgência, o agudo senso de realidade de quem tem a família à míngua ganha força impulsionado pela convencionalidade do rabino. O camponês consegue com maestria dizer de forma diplomática ao rabino que não compreendera a natureza daquela resposta. Mais do que tudo, o rabino, se não tinha uma solução para o problema apresentado, deveria saber não apresentar uma resposta, em vez de propor uma não resposta.

Esta é uma questão fundamental que os sábios apontam em relação à resposta. Por exemplo, a frase "Cresci em meio a sábios e nunca encontrei nada melhor do que o silêncio" (*Ética dos ancestrais* 1,17) deve ser compreendida como uma proposta ativa de resposta. Este silêncio não é uma não resposta como a apresentada pelo rabino, mas uma possível reação em sintonia com a questão trazida pelo camponês. No entanto, permanecer em silêncio, como uma forma de resposta, é muito difícil. É reação própria de quem tem grande sabedoria.

Uma das áreas mais férteis no legado da relação irônica dentro do folclore judaico é a do comércio. Da mesma maneira que muitas histórias se desenrolam a partir de "fulano veio falar com o rabino", também o contato comerciante/freguês oferece uma grande riqueza no que tange a interações humanas. A verdade é que muitos dos problemas que normalmente eclodem no divã também se reproduzem quando há um balcão entre indivíduos. Eis alguns exemplos:

Sadie Weintraub pediu dois pãezinhos.

– São 40 centavos, por favor – disse o padeiro.

– Quarenta? – exclamou Sadie. – O que é isto? Vinte centavos cada pão! O seu concorrente do outro lado da rua cobra apenas 12 centavos!

– Muito bem, compre-os com ele – disse o padeiro dando com os ombros.

– Mas ele já não tem pãezinhos para vender do outro lado da rua.

– Minha senhora, quando estou sem pãezinhos, cobro apenas cinco centavos por eles.

Esta intervenção paradoxal, além de dar uma resposta ao freguês, revela segredos do intricado mundo dos negócios e da competitividade. É fácil ter preços baixos quando não se tem a mercadoria. A ironia presente zomba do freguês que se imagina um consumidor consciente. Existe uma grande diferença entre o freguês que não é afoito e desavisado e o que pretende revelar o óbvio – que o comerciante está obtendo algum lucro. O padeiro consegue, com sua resposta, expor o freguês à sua primariedade no que diz respeito ao mercado. Em nenhum momento um freguês deve propor levar mais vantagem que o comerciante; se isso ocorrer, eles devem trocar de lado do balcão. No entanto, muitas vezes a proposta do freguês enlouquece o comerciante. Sua vontade é dizer: "Você ainda não entendeu a sua participação neste jogo – eu vendo e obtenho lucro, e você leva uma mercadoria que inclui seu valor mais o meu lucro." É claro que neste "jogo" pode-se contestar o montante do lucro, mas não seu conceito. Muitas vezes, é isto que o freguês "desagradável" trata de fazer.

O bom comerciante sabe seu papel e sabe que, se quiser, pode ludibriar o freguês. Um monge budista relatou, como uma impor-

tante lição de vida, a interação que teve certa vez numa loja em Nova York com um comerciante judeu. Ele olhava um computador na vitrine sob o balcão, quando ouviu uma voz desinteressada:
– Não compre este. O outro é melhor.

Só então viu o comerciante que, ocupado com outras tarefas, lhe havia dirigido a palavra.
– O outro é melhor por quê? – perguntou o monge.
– O senhor, bem se vê, não entende do ramo: está olhando justamente os piores produtos. Se eu quisesse enganá-lo, seria muito fácil. O senhor não precisa saber por que este é melhor justamente porque eu poderia enganá-lo. Deve confiar no que lhe digo – este é melhor.

Esta interação paradoxal do tipo "eu posso enganá-lo, por isto confie em mim" abre margem para se compreender que determinado tipo de juízo ou resposta, para ser apropriado, não deve necessariamente dominar ou controlar uma situação.

É possível ter o bom-senso de reconhecer a realidade daquela interação e apostar no que parece ser o mais evidente, apesar de oculto pela "incerteza" deste não controle. Neste caso, não se trata de intuição, mas de uma decisão consciente de que, dada uma realidade não óbvia, é óbvio que o certo é tal coisa. Esta leitura do que é real, baseada em sentimentos, tem a solidez de sustentar-se sobre uma apuração cuidadosa da realidade.

Observe esta história:

Num dia de calor intenso, o Sr. Finkelstein entrou numa loja para comprar um leque de abano.
– Que tipo de leques você tem? – perguntou.
– Temos leques de cinco centavos, de 20 centavos e de 50 centavos – respondeu o lojista.
– Dê-me então o de cinco centavos – disse o Sr. Finkelstein.

– Muito bem – respondeu o lojista, enquanto lhe passava o fino leque de papel japonês.

Dez minutos depois, o Sr. Finkelstein estava de volta.

– Veja que porcaria você me vendeu – esbravejou. – Já quebrou!

– Quebrou? – espantou-se o lojista. – E como foi que o senhor o usou?

– Como foi que o usei? Como é que se usa um leque? Segurei-o com a mão e o balancei de um lado para o outro diante de meu rosto. Então não é assim?

– Ah, não – explicou o lojista. – Como é um leque de cinco centavos, o senhor tem de segurá-lo firmemente parado e balançar sua cabeça para cima e para baixo diante dele.

O lojista faz troça do freguês porque novamente este não sabe ler corretamente a realidade. Seria responsabilidade sua averiguar que a mercadoria que comprava era de baixa qualidade. Isto era evidenciado pela diferença de preço em relação às outras. No entanto, foi necessário que o lojista mostrasse que "leques de cinco centavos" têm "um funcionamento" diferente do que supunha o Sr. Finkelstein. Ao diferenciá-los de forma tão grotesca, a ironia se impõe dentro da linguagem do próprio freguês. Subentende-se na fala do lojista: "Não é o material que é ruim, é o senhor que não sabe como fazer uso do que compra." Logo, o problema é do freguês, e não da mercadoria.

Previsões

Outra forma de revelar o oculto do aparente é por meio de previsões. São em realidade prognósticos derivados da possibilidade de ler a realidade com bastante clareza e sensibilidade. Quem vê o que os outros não podem ver consegue descrever algo que parece ser de ordem sobrenatural. As previsões podem ser de dois tipos: a) obviedades ocultas; b) encadeamento de obviedades que obscurecem algo aparente. Vejam-se exemplos:

a) obviedades ocultas:
Hitler estava tendo pesadelos e ordenou a seus imediatos que encontrassem algum intérprete.
– Ah – exclamou o vidente –, vejo que o senhor está destinado a morrer num feriado judeu.
Hitler ficou assustado e também curioso:
– Que feriado? – inquiriu.
– Não importa. Qualquer que seja o dia de sua morte será um feriado judeu.

b) encadeamento de obviedades:
O Sr. Rosen se encontrava num trem e sentou-se diante dele um rapaz desconhecido que lhe pareceu ser judeu.
– Para onde o senhor está indo? – ele perguntou buscando conversa.

– Para Glens Falls – disse o estranho sorrindo.
Surpreso, o Sr. Rosen comentou:
– É para lá que vou também. Na verdade, moro lá. Está indo a negócios?
– Não – disse o jovem –, é uma visita social.
– Você tem parentes lá?
– Não, não tenho.
O Sr. Rosen pensou por alguns instantes e perguntou:
– É casado?
– Não, não sou.

O Sr. Rosen refletiu consigo mesmo: Se está indo para Glens Falls, não é casado, não vai a negócios e não tem parentes por lá, então por que está indo? É óbvio que vai encontrar-se com uma moça. Quem sabe conhecer sua família. Anunciar o noivado. Mas com quem? Só há três famílias judias que moram na região: os Resnick, os Feldstein e os Sanowitz. Não poderiam ser os Resnick, eles só têm um filho. Os Feldstein têm duas filhas, mas uma é casada, e a outra está numa universidade bem distante. Devem ser os Sanowitz. Eles têm três filhas: Masha, Rebeca e Rochelle. Masha já está noiva. Rebeca é muito feia para fazer par com um rapaz assim elegante. Portanto, deve ser Rochelle. Sim! Ela tem tudo a ver com ele.

Após chegar a esta conclusão, o Sr. Rosen quebrou o silêncio e sorriu para o estranho.

– Parabéns por seu casamento em breve com Rochelle Sanowitz!

– Mas como o senhor adivinhou? – espantou-se o rapaz.

– Ah, mas é óbvio! – respondeu o Sr. Rosen.

O mundo do oculto do aparente é um mundo por onde não é difícil transitar desde que se possua o aparato da imaginação e, por possuí-lo, se saiba que a realidade aparece reproduzida em versões. Olhar os enunciados que se apresentam a nós como versões, como textos deliberadamente compostos entre todos os possíveis textos, faz com que possamos desmontar e remontar a realidade. Este é o mundo onde descobrimos não haver descontinuidade entre um enunciado e quem o formula, nem mesmo entre a situação e o momento de vida de quem a formula. O que não é dito está dito. O que não se faz está feito. O que não é dado é um dado. Estas sombras de ditos, feitos e dados são as que distinguem o viajante do oculto do viajante do aparente.

O APARENTE DO OCULTO

Problema alusivo

O aparente do oculto

"Um tolo completo é melhor que um meio sábio."
(Provérbio iídiche)

Ao falarmos desta metadimensão do oculto, estamos tratando de uma ordem do pensamento muito distinta daquela que até aqui analisamos. O aparente, seja aparente do aparente ou oculto do aparente, é um mundo apreensível, capturável, que conhecemos por meio da consciência. É um mundo de formas definidas e discriminadas, onde luz e claridade se distinguem mutuamente. O mundo do oculto é menos diferenciado; nele as margens e os limites se misturam, apesar de ainda preservarem formas. Formas mais fluidas que ora aparecem com contornos de outras formas, ora afloram como parte destas mesmas formas. Como as imagens e estruturas de nossos sonhos que se encadeiam, estas formas se constroem e se dissipam em si mesmas. Trata-se do mundo que denominamos de inconsciente, onde blocos de forma ocultam segmentos de formas mais específicas que se fazem conhecidas e imediatamente desconhecidas. É o lugar onde o esquecimento e a lembrança parecem ser uma única experiência. Onde o saber e o não saber não fazem fronteira: se misturam e dão acesso ao que nos parece impossível ser contido por qualquer receptáculo de nossas faculdades. No entanto, não é bem assim.

Nestes mundos ainda há discernimento, e é por isto que fazem parte do "pomar" do pensamento. Representam o saber marcado pela confiança de afirmar o que foi visto e percebido por poucos momentos. É o conhecimento que se apreende de imagens preservadas em nossas retinas e em nossas células, mesmo quando o próprio objeto de cognição que as impactou já não está mais presente.

No mundo mítico, há uma clássica distinção entre as metadimensões do aparente e do oculto. O aparente é representado pela terra que, para a percepção do reino animal, tem como característica principal o fato de ser "distinguível". Um animal que sobe uma colina e olha em direção à planície vê claramente as diversas formas que se apresentam. Ficam especificadas espécies animais, árvores, aves, rochas, córregos etc. O olhar apreende e distingue as formas. Já o mundo oculto é expresso pelas águas, mais especificamente pelos mares. Quando observamos o mar, não podemos diferenciar as inúmeras criaturas e formas que contém. O que vemos é a integralidade fluida, o coletivo de algo que é repleto de parcelas e particularidades. Não há maneira de ver suas formas sem olhar o mar por inteiro. E estas formas não sobrevivem fora deste meio que é seguramente mais denso do que o ar que envolve a terra. Na terra, a forma é infinitamente mais densa que o meio que a circunda; nas águas, a forma não é tão radicalmente mais densa que o meio.

O que "atrapalha" a visão no oculto é a dificuldade de separar a forma de seu meio. Tanto assim que fica impossível compreender a forma sem compreender o meio, de compreender textos sem contextos. Neste mundo estranho, encontram-se segredos que conectam e dão sentido a questões do mundo aparente. Este, porém, só identifica estes sentidos como da ordem do sublime, não conseguindo conferir-lhes evidência, mas ambiguidade.

Este mundo oculto revela-se a nós como estonteante e surpreendente. O impossível se faz domesticável neste território e muito do que dele se vê e se confirma na dimensão aparente é manifestação do que é oculto.

Uma experiência em particular do passado hebreu nos é bastante esclarecedora. Ela fala do impossível e de como se resolvem questões desta natureza. Trata-se do momento bíblico em que os hebreus iniciam sua partida do Egito, abandonando a escravidão. Não haviam avançado muito e se viram cercados pelas poderosas tropas do faraó, que se arrependera de ter-lhes dado permissão para partir. Estavam encurralados entre as forças mais concretas (aparentes) que poderia lhes proporcionar o mundo antigo, ou seja, entre o exército mais poderoso da mais poderosa civilização da época e o obstáculo mais concreto dos limites das espécies terrestres – o mar. Não havia saída. O enunciado de seu momento apontava para uma solução que não poderia dar-se pelo enfrentamento no território da terra, do aparente. A solução seria fazer uso do mar, passar por sua fluidez e produzir uma travessia que não seria nada menos do que fantástica.

A determinação daquele povo chegava ao limite, ao perceber que as possibilidades de encontrar saída pelas vias terrestres da racionalidade e da lógica – o que permitiria escapar por entre as legiões e bigas egípcias – se exauriram, levando à opção de enfrentar o impossível. Lançando-se às águas, estas miraculosamente abriram-se. Ao surgir chão para pisar por entre o mar, uma maravilhosa travessia se fez possível.

Os hebreus haviam-se lançado ao mundo oculto do saber fluido, penetraram as profundezas do inconsciente e conseguiram vará-lo atingindo margens novas, de terra nova – e ilesos. Os egípcios, que de maneira inconsequente quiseram fazer a mesma travessia, sem a incumbência do impossível, sem conhecer a razão para esta travessia, descobriram quão asfixiante é o que não tem forma. Os hebreus distinguiram a "forma", pois souberam reconhecer o meio que a continha, vislumbrando, assim, um sentido que os proveu de chão firme. Os pobres egípcios, com uma missão de pouca consistência e nem um pouco transformadora, atolaram em solos movediços. Seus aparatos de transporte por este mundo – suas bigas e cavalos – em sua concretude eram tão inapropriados para esta dimensão em que se colocaram que nela se enredaram. Fechou-se sobre eles o mar e roubou-se deles a integridade da diferenciação da terra. Foram engolidos como formas do próprio meio-mar. Na outra margem, comemoravam os hebreus sua maestria sobre o impossível – haviam descoberto o quanto o mundo do mar-oculto poderia servir-lhes como instrumento de compreender e lidar com a realidade. Para eles, estas águas se fizeram águas de renovação e transcendência.

Em particular, quando abordamos o mundo do aparente do oculto, parte do qual é do nível oculto, adentramos o território da intuição. Este mundo revela leituras da realidade que podem se fazer muito aparentes, mas que, antes, atravessam perigosos pântanos de formas disformes. Quem observa a partir do mundo dos aparentes não tem condições de acompanhar este processo. Não dispõe de recursos para compreendê-lo, apesar de maravilhado pelas conquistas no mundo funcional e prático que este pode realizar.

No folclore judaico, existe uma história que ilustra esta incapacidade:

– Moishe, ouvi falar que você tirou o primeiro prêmio da loteria. Isto é incrível! – comentou um amigo, segurando-o pelo ombro.

– Obrigado, Daniel. Acho que 63 é o meu número da sorte – disse Moishe.

– Mas como foi que você escolheu exatamente este número?
– Foi por causa de um sonho. Sonhei que estava num teatro e que havia um coral de sete fileiras, cada uma com oito figurantes. Daí saiu o número 63.
– Mas, Moishe! Oito vezes sete são 56, não 63!
– Ah, não? Tudo bem, Daniel, que seja então você o entendido em matemática! – falou Moishe, encerrando o assunto.

A tentativa de Daniel de tentar compreender a situação e não simplesmente atribuí-la ao acaso só não é absurda, se ele tiver condições de legitimá-la como intuitiva. Esperar que haja uma lógica de qualquer espécie numa situação como a descrita é uma expectativa patética. Moishe, com sua matemática equivocada, é menos caricato que Daniel, pesquisador do intuitivo com aparatos meramente racionais.

Trata-se aqui de um mundo estranho, onde o absurdo é um elo importante entre lógicas à primeira vista desconexas; um mundo em que a meia-sapiência é um estorvo, uma ignorância que impede a legitimação destas impressões e impactos ocultos. Um território onde o tolo, desde que plenamente tolo, revela aspectos inusitados do saber; onde a reversibilidade do saber o expõe de maneira mais contundente, fazendo com que "para cada resposta possa surgir uma boa pergunta".

Almejando o verdadeiro alvo

Estamos no mundo alusivo. Aqui não nos perguntamos "Com que isto se parece?", mas nos permitimos associações do tipo "Isto me lembra aquilo". Certos temas, objetos, narrativas, ambientes etc. aludem a outros e encadeiam formas e mais formas envoltas por um meio etéreo – por atmosferas. Se na dimensão aparente "montanhas" representam "força", na dimensão oculta podem relacionar-se com "segundas-feiras". A conexão entre uma coisa e outra não é evidente, mas existe mergulhada numa riqueza abundante de saber. A psicoterapia transformou-se no estudo e no instrumento mais comum de intervenção dentro desta realidade e demonstrou a enorme interligação que existe entre este mundo e a realidade concreta funcional.

Mas como "manusear" este mundo e fazer uso dele como uma usina de saber?

O primeiro passo é aprender que nele só podemos saber pela reversão, associando boas perguntas às nossas respostas. Cada resposta abre a possibilidade de inúmeras boas perguntas, e estas, por sua vez, são pura e manipulável cognição. Suas respostas não suscitam clareza e quem tentar desvendá-las como respostas atolará perigosamente, como os egípcios. Na verdade, o que "responde" e manifesta mundos aparentes são as perguntas criadas pelas respostas.

Compreendamos o princípio da reversibilidade e sua utilidade a partir desta história:

Um caçador embrenhou-se na floresta e deparou-se com alvos desenhados em árvores. Chamou-lhe a atenção o fato de que todas as flechas lançadas sobre os alvos estavam cravadas exatamente "na mosca". Sua curiosidade em conhecer tão impecável arqueiro fez com que o buscasse por todos os cantos. Após longa procura, identificou o autor dos lançamentos e quis inquiri-lo sobre suas proezas:

– Qual é o segredo para uma pontaria tão acurada? Como é possível tanta perfeição num arqueiro?

– É muito simples. Primeiro lanço minhas flechas e só depois pinto o alvo! – respondeu o arqueiro.

Aqui está descrito o método da reversibilidade. Para cada flecha lançada há um acerto "na mosca". Identificar o alvo depois de lançada a flecha pode não ser uma demonstração de destreza, mas ensina muito ao arqueiro sobre seu lançamento. É óbvio que tal método não pode aprimorar a pontaria. Mesmo a racionalização de que o alvo pintado pode trazer conhecimento ao arqueiro se este medir o grau de desvio do alvo originalmente mirado e não atingido, ainda assim isso seria da esfera do aparente. Tal racionalização estaria no território do oculto do aparente, das ignorâncias que iluminam o saber, e não no campo do aparente do "oculto". O oculto é oculto. A conexão entre o aprendizado da mirada original e seu alvo é inacessível, e o caminho inverso – alvo revelando uma outra mirada – passa a ser o interesse do "saber". Em outras palavras, há aqui uma outra pergunta a ser revelada pelas respostas encontradas através de processos de associação e de alusão.

A psicanálise, por exemplo, quer saber desta outra pergunta. Seu saber se faz do resgate da pergunta verdadeira, que acerta o alvo, diferentemente da pergunta original para a qual a "mosca" representa uma desconexão com a mirada inicialmente intencionada.

O verdadeiro alvo na dimensão do aparente do oculto é aquele que se faz depois de a flecha ter sido lançada. Numa inversão quase absurda, é o alvo que procura a flecha, e não o contrário. E isto porque, por definição, no mundo do pensamento inconsciente não importa a origem da inquirição – o pensamento já existia anteriormente à própria pergunta. A curiosidade é, portanto, posterior ao conhecimento. Desta forma, o processo de "pensar" é invertido. As respostas refazem perguntas e as clarificam.

O incrível do oculto é que ele já sabe (tem resposta) de antemão, pois sua natureza é a da essência. Daí a irrelevância da resposta na constituição de formas. É a pergunta que permanece como elemento do universo da forma. É a pergunta que representa o específico no coletivo das respostas (alvos) possíveis; respostas se fazem mar – são uma integridade que serve de meio.

Para poder usufruir deste meio tão denso que chega a obscurecer as especificidades, o caçador não pode lançar mão da aptidão do "controle". Quem controla sabe quais são os alvos a serem atingidos e ridiculariza o caçador que pinta alvos. Este, no entanto, recolhe informações das experiências de vida a que o primeiro não tem acesso. Prisioneiro no mundo das formas e da lógica, para ele o que não for "controlável", o que não puder ser reproduzido em laboratório não transmite conhecimento.

Pintar alvos corresponde a reconhecer vínculos entre causa e efeito, nos quais o efeito afeta a causa. É o que os rabinos diziam de uma dimensão muito importante da Torá, da categoria texto: "não há antes e não há depois". A simultaneidade aponta para um interesse em processos muito mais do que em respostas fixas. Processos são respostas em condição dinâmica. As respostas, por conta de sua mobilidade, são percebidas exclusivamente por meio das novas perguntas. Sua relação, porém, não é de derivação, mas de alusão.

Várias lógicas

Outra característica do mundo intuitivo é ser multifacetado. O filósofo Martin Buber sugeriu que a passagem bíblica em que Adão e Eva comeram do fruto proibido, quando seus olhos foram abertos, refere-se a esta dimensão específica do oculto. Seus olhos se abrem para as contradições e ambiguidades inerentes a todas as coisas. O conhecimento "do bem e do mal", segundo ele, não se refere à consciência de categorias morais, mas ao acesso à tensão existente entre proposições contraditórias existentes em tudo na criação. A consciência da natureza contraditória da realidade é bastante dolorosa, e foi dela que a divindade tentou proteger benevolentemente o ser humano. Homens e mulheres, a partir daquele momento, estariam condenados a perceber as ambiguidades da realidade.

Uma anedota judaica retrata esta questão de maneira brilhante:

Dois judeus procuraram um rabino para arbitrar uma disputa.
Chegando à casa do rabino, encontram-no estudando, e sua esposa, sentada no canto da sala.
– Qual é a sua queixa? – perguntou o rabino.
O primeiro litigante apresentou sua questão de forma convincente e brilhante.
– Então você está certo! – concordou o rabino.

Ele voltou-se então ao segundo litigante:
– E você, o que tem a dizer?
O homem fez sua explanação também com grande eloquência.
– Então você está certo! – admitiu o rabino.
A mulher do rabino, que a tudo escutava, interveio:
– Possa você, meu esposo, viver até os 120 anos, mas como, por D'us, é possível que ambos estejam certos?
Cofiando sua barba, o rabino concluiu:
– Você também está certa!

O rabino, o detentor do saber, pareceria ter enlouquecido quando visto pela perspectiva do aparente. Richard Raskin[3] classifica esta anedota como podendo representar três possibilidades: "fiasco", "manobra tática" ou "desvio exemplar". O rabino poderia, no primeiro caso, ser retratado como detentor de um saber "absurdo" e caricato. No segundo, seu saber não produz resposta, sendo uma mera estratégia para não entrar em atrito nem com os litigantes nem com a esposa. Na terceira hipótese, haveria a deliberada intenção de nos fazer perceber que a norma lógica não compreende a totalidade das possibilidades humanas.

Poderíamos rotular as três possibilidades como representações dos diversos mundos. No aparente do aparente, há a percepção de "fiasco". Litigantes vão até um rabino, e este apresenta um desempenho vexaminoso. Na compreensão do oculto do aparente, o rabino parece ter uma agenda própria. Há um *reframing* da questão original, no qual o rabino não se preocupa

---

[3] *Life is like a glass of tea: studies of classic jewish jokes*, Aarhus University Press. Aarhus, 1992.

em resolvê-la apresentando um veredito final sobre a disputa, mas, antes, deseja preservar a si mesmo agindo diplomaticamente com todos os demais personagens. No terceiro caso, estamos no nível do aparente do oculto, ou seja, é óbvio e indiscutível que o rabino quer afirmar a possibilidade de que "este está certo", "este está certo" e "este está certo". Tal ensinamento, que legitima o saber contido na ambiguidade e em várias lógicas diferentes, é próprio desta dimensão mais evidente do oculto.

Recentemente, o biólogo Henry Atlan, em seu livro *À Tort et à Raison*, buscou mostrar que "existem diferentes modalidades de pensamento racional, diferentes formas de estar 'certo', legítimas apesar de diferentes, quando coletamos evidências através de nossos sentidos". Raskin ilustra graficamente estes muitos "certos" por meio de "figuras reversíveis", que possuem a característica de possibilitar mais de uma interpretação perceptiva. São mais conhecidas como as figuras da *gestalt*, tal como a figura de Rubin (figura 1, p. 92), o tridente de Schuster (figura 2, p. 92) e o cubo de Necker (figura 3, p. 92).

A reversibilidade é uma percepção do aparente do oculto. Isto porque ela é uma forma que se constrói e se dissipa. E as soluções também podem ter esta dimensão. Na verdade, muitas vezes determinados saberes só se fazem apreensíveis se assumem estas formas reversíveis. A forma, portanto, existe. Mas existe somente em seu meio, que constantemente a substitui por outra forma. Ela depende da outra, mas não é definida pela outra como na realidade do aparente. Novamente, o oculto é dinâmico e não pode ser apreendido como algo estático. Ele responde em movimento e por isso atrela-se a outra(s) pergunta(s).

Figura 1

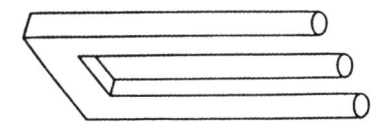

Figura 2

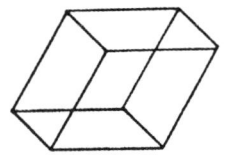

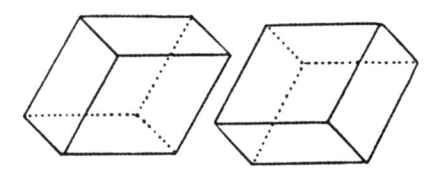

Figura 3

Intervenções no intuitivo

Um dos sonhos humanos mais comuns é poder manipular e controlar certas áreas do conhecimento sutil. Tal desejo pode ser percebido pela ansiedade com que tentamos, em certas ocasiões, transmitir a sensação de um sonho. Por mais que nos esforcemos, algumas das conclusões fundamentais contidas naquela reflexão sem sujeito, sem um ego claramente definido, tomam forma no mundo da fala e dos conceitos com muito menos nitidez do que a experimentada no sonho. Esta falta de nitidez é decorrente de querermos isolar as especificidades do que foi sonhado, sem reconstituir o fundo, o meio no qual estas especificidades se encontravam implantadas na realidade do sonho.

No entanto, a intuição se manifesta vez por outra de maneira bastante específica no mundo aparente. Nestas ocasiões, podemos pressentir algo que permite fazer uso deste conhecimento vazado a partir do mundo oculto, como se fosse um elemento da dimensão aparente. O pressentimento é a tomada de forma de algo que parece romper com uma lógica objetiva de causa e efeito. Em realidade, esta desconexão é sentida porque o que identifica certa forma não são outras formas, mas um meio do qual o intuidor resgatou esta determinada forma.

Para que possamos conceber qualquer possibilidade de intervenção voluntária no oculto, devemos definir melhor a natureza das relações entre aparente e oculto. Conta-nos uma história:

O rabino de Koznitz foi recebido como hóspede na casa do rabino Naftali de Roptschitz. Ao entrar na casa, pôs-se a olhar meditativamente para uma janela que tinha as cortinas fechadas. Quando o anfitrião notou sua curiosidade, o rabino de Koznitz explicou a razão de seu interesse:
– Se você quer que as pessoas olhem para dentro, por que ter cortinas? E se você não quer que olhem, por que ter janela?
– Porque quando quero que alguém que amo muito olhe para dentro, abro as cortinas – respondeu o rabino Naftali.

Esta passagem é importante, pois faz uso de imagens interessantes. A janela e as cortinas são os elementos que permitem uma relação velada e exposta. Uma casa é um espaço definido, é a moradia da consciência. Já o "lá fora" é a imensidão não conhecida – é o tudo que inclui mesmo as inúmeras formas que não distinguimos. A indicação de que existe uma contradição entre a intenção de possuir uma janela e de vedá-la com cortinas é representativa de que o próprio instrumento de revelação é também o instrumento de velação. Quando o texto bíblico menciona com amargura os "olhos que não veem, ouvidos que não escutam, os narizes que não percebem o olfato", refere-se a janelas que têm suas cortinas fechadas. Os aparatos do aparente são as próprias barreiras ao oculto. Portanto, quanto mais alguém se esforçar para ver, não verá; quanto mais se esforçar para ouvir, não ouvirá. A intervenção não pode se dar pelo controle do aparente, pois ele impossibilita o oculto.

A resposta do rabino Naftali – "quando quero que alguém que amo muito olhe para dentro, abro as cortinas" – pressupõe, no entanto, alguma forma de intervenção. O que seria "alguém que amo muito"? Indica talvez um desejar intenso que não seja racional, que envolva outras formas de percepção mais sutis do que os sentidos. A passagem bíblica (Deuteronômio 6:5-6) em que D'us fala mais eloquentemente aos humanos, na qual o oculto (a essência) se dirige em revelação ao aparente (a forma), diz o seguinte: "Escuta especificidade (Israel)! Eu sou (*IaH*) tua essência, Eu sou (*eloheinu*) teu meio, a essência integral. *Ama* a tua essência, com todo o teu coração, e com toda a tua alma, e com todas as tuas posses. E estejam todas estas coisas que te ordeno hoje sobre teus corações."

Amar a essência é possibilitar janelas para que não percamos a conexão com algo que não podemos apreender, a não ser por meio deste instrumento do "amor". Mas por que é necessário que possamos abrir as cortinas? Para que aquilo que o oculto transmite possa ficar por sobre nossos corações. A maneira que aquilo que passa através da janela tem de adquirir forma não faz uso dos sentidos. Só é possível pelo processo em que algo ronda o coração, fica por sobre o coração, até que, por motivos por nós desconhecidos, este conhecimento adentra o coração. A abertura da cortina/couraça do coração (instrumento de amar) traduz em forma aparente algo que era oculto – que a razão não perceberia com seu instrumental.

Como se pode, então, intervir no intuitivo? Não intervindo; permitindo que primeiro se apresentem respostas, para só então resgatar suas perguntas. Se você aceita estas respostas intuitivas e as permite rondar por sobre seu coração, em algum momento, é possível que a pergunta exata resgate alguma destas respostas rondantes. Neste instante, tomará forma dentro da perspectiva aparente algo que os demais não compreenderão de onde veio. Pensarão: Qual é a pergunta que permitiu tal resposta? E jamais a encontrarão. Não saberão que o processo que gerou forma não se deu por meio da resposta, mas do resgate da pergunta.

Por esta razão, a intervenção no intuitivo é mais uma intervenção de entrega do que uma intervenção de controle. Vejamos o seguinte relato chassídico:

> Um homem que morava na mesma cidade que Reb Sussia comoveu-se pelo estado de pobreza em que ele vivia. Por esta razão, todos os dias deixava algum dinheiro na bolsa onde Reb Sussia guardava seus filactérios. Com este dinheiro, ele conseguia dar ao menos um mínimo de alimentação a seus filhos. Desde o dia em que o tal homem começou a fazer este ato de caridade, tornou-se mais e mais rico. Quanto mais ele tinha, mais dava a Reb Sussia, e mais era recompensado.
>
> Certo dia, no entanto, o homem se deu conta de que Reb Sussia era um discípulo do grande Maguid, e ocorreu-lhe que, se sua caridade para com um discípulo era tão abundantemente recompensada, talvez viesse a se tornar ainda mais próspero se fizesse contribuições diretamente a seu mestre. E assim fez. Viajou até a cidade do mestre e o induziu a receber seu donativo.
>
> Deste momento em diante, seu patrimônio começou a decrescer, até que perdeu tudo que juntara durante o período de prosperidade. Angustiado, o homem consultou Reb Sussia e contou-lhe tudo o que sucedera, explicando que agira assim porque ele mesmo, Reb Sussia, dissera que seu mestre era muito mais poderoso.
>
> Reb Sussia respondeu:
>
> – Veja: enquanto você contribuía e não se dava o trabalho de ver para quem estava dando, fosse este Reb Sussia ou qualquer outro, D'us dava a você sem se preocupar para quem. Mas quando você começou a procurar pessoas que fossem particularmente especiais e nobres recipientes, D'us fez exatamente o mesmo.

A partir desta história, compreendemos que no momento em que o indivíduo estabeleceu uma relação de controle, de raciocínio – isso é mais importante que aquilo –, ele rompeu com um processo que era de outra natureza. Da mesma forma que nosso organismo tem sistemas "parassimpáticos", tal como a respiração, sobre o qual não temos uma relação de controle, também o pensamento possui uma modalidade similar. Trata-se de uma percepção vegetativa, literalmente de ordem vegetal, de nosso raciocínio, diferentemente da "animal", que busca subjugar e dominar um dado para compreendê-lo. A dimensão vegetal existe mais por conta do meio do que de uma diferenciação específica, como ocorre no mundo animal. O meio, as florestas, o lugar onde o mundo vegetal se "implanta" é muito menos distinguível do que o meio do reino animal. Tal como o mar, a floresta é um meio, repleto de formas, mas cuja diferença de "densidade" entre meio e espécie (forma) é bem menor que no caso animal. A dimensão animal, portanto, representaria com mais proximidade o mundo racional; a vegetal, por sua vez, representaria o mundo intuitivo.

Um detalhe importante é uma diferença na convenção linguística que se faz naturalmente. Quando queremos chamar uma pessoa à razão, trazê-la para o território lógico, utilizamos o verbo "ver". "Veja bem" é um chamamento para que sejamos lógicos e sensatos. Quando, no entanto, D'us diz "Forma, escuta!", Ele faz um chamamento ao mundo do oculto. É por isso que expressamos popularmente que devemos "escutar o coração". Não dizemos que devemos deixar o "coração ver", nem mencionamos ter ouvido nossa consciência se pronunciar. Há algo da dimensão oculta, dissimulada, que representamos pela possibilidade do "ouvir", e que o sentido da visão não alcança.

O que é fundamental é que saibamos que há maneiras de intervir no processo intuitivo, meios de lhe dar legitimidade e mesmo incentivá-los. Estes processos, entretanto, não podem ser submetidos a nenhuma das modalidades de manipulação que são permitidas na dimensão aparente. A história anterior retrata isto muito bem, deixando-nos ainda com um ensinamento. É a seleção e lógica que o indivíduo quer impor à sua relação com o que lhe é oculto que assume a própria dimensão oculta. E a lógica, que antes revelava, passa a obliterar. O fato de querer impor uma condição da lógica (se dar a este tem este resultado, dar a um mais forte deve intensificar este resultado) à realidade oculta torna-se o próprio obstáculo à interação que antes existia. Ou seja, o indivíduo quis introduzir "forma" naquela relação e acabou apenas encerrado na dimensão das "formas". O que antes percebia como meio (ele é pobre: devo contribuir) foi perdendo distinção e ele terminou única e exclusivamente com "formas", desconectando-se do oculto.

Sábios de Chelm – o absurdo e suas contribuições para a revelação do oculto

O escritor Sholem Aleichem criou uma aldeia em seus contos que se tornou lendária na tradição folclórica judaica. Tal aldeia teria sido o local de um terrível acidente. A cegonha que distribui almas pelo mundo sempre faz uma mistura de tantas almas sábias e tantas almas tolas para cada região do planeta. Acontece que, por descuido, derrubou sobre a localidade de Chelm uma sacola contendo única e exclusivamente almas tolas. Foi dentre estas almas que a aldeia foi obrigada a selecionar seus líderes, em particular seus sábios rabinos. Desde então, Chelm é uma fonte de estultices. Porém, de lá, deste laboratório ilógico, grandes ensinamentos espalharam-se pelo mundo.

Vamos nos ambientar um pouco com Chelm. Seu rabino nos servirá de guia.

Vejamos algumas das perguntas que os chelmitas traziam a seu sábio e suas importantes respostas:

– Por que o oceano é salgado? – perguntou um chelmita.

– É elementar: porque nele há muitos arenques! – respondeu o rabino com segurança sobre o assunto.

– E por que o cabelo de uma pessoa fica branco antes da barba?

– É óbvio: afinal, o cabelo é pelo menos uns 13 anos mais velho que a barba – disse o rabino, enquanto coçava a própria barba.

– E por que um cachorro abana o rabo?

– Esta – diz o rabino sorrindo – é ainda mais fácil. É óbvio que o cachorro abana o rabo porque o rabo é mais leve que o cachorro. Se, ao contrário, o rabo fosse mais pesado do que o cachorro, seria ele que abanaria o cachorro!

Há ainda este exemplo da sofisticada lógica chelmita:

Conta-se que dois homens de Chelm saíram a passear. Um levava consigo seu guarda-chuva, o outro, não. No meio do caminho, começou a chover.

– Abra o seu guarda-chuva – sugeriu aquele que estava sem.

– Não vai adiantar nada – respondeu o outro.

– O que você quer dizer com "não vai adiantar nada"? Vai proteger-nos da chuva!

– É que o guarda-chuva está tão cheio de furos que mais parece uma peneira!

– Então por que você o trouxe? – perguntou o primeiro, perplexo.

– Não pensei que fosse chover!

Já nos é possível compreender que Chelm é um lugar que pode não ser levado muito a sério, e que, se não fosse do imaginário do folclore iídiche, estaria hoje repleto de cientistas a estudá-lo. Todos os estudiosos de semiótica, de lógica, da psicanálise e até mesmo parapsicólogos lá estariam para pesquisar o mundo oculto que os tolos podem nos proporcionar. Isto porque os tolos vivem num mundo de formas, apesar de o meio ser tão denso à percepção, e estas facilmente perdem a distinção. Daremos exemplos de como os tolos habitantes deste lugar recôndito podem servir como emissários de conhecimentos de difícil acesso.

As questões do mundo oculto têm como características: 1) a "reversibilidade"; 2) a perda de forma ao submergir num meio que é mais aparente que a própria especificidade; 3) a tendência de fundir o que é interno e o que é externo.

O primeiro elemento se aplica a todos os casos de Chelm anteriormente mencionados, em particular às perguntas. Reparem que o rabino redefine a cada pergunta uma nova pergunta que é, na verdade, resgatada pela resposta atribuída à pergunta original. É o arenque que determina que o mar é salgado, e a percepção humana ganha precedência na definição de causa e efeito. Quem olha tudo isto do mundo aparente não pode senão ridicularizar o tolo. O problema é que, como veremos adiante, o tolo possui certas formas de eficácia que deixam o racionalista estupefato. A pergunta resgatada é sempre de ordem existencial, deixando a curiosidade pela curiosidade sem uma resposta.

Quando a pergunta, por sua vez, vem investida de um falso caráter existencial, novamente há uma inversão para uma resposta que desvia para uma outra pergunta de ordem lógica. A pergunta "Por que o cachorro abana o rabo?" é respondida como uma questão física do estudo da inércia. Não há como enganar o tolo. Por mais que dissimulemos nossas questões do mundo da curiosidade, o tolo sempre as revela e as transforma em absurdas. Este absurdo, por sua vez, revela perspectivas existenciais ocultas. O aspecto relevante, portanto, está no fato de que, ao compreender o inverso e alterar perguntas, o tolo avança em respostas que não poderiam ser entendidas com tanta intensidade, se não fosse pelo absurdo. Em síntese, o absurdo revela mais sobre o caráter oculto do que qualquer racionalismo.

O segundo caso – de o meio ser mais aparente que a própria forma – também se aplica ao absurdo. Vejamos a seguinte história:

> Dois homens de Chelm travavam um debate: quem era mais importante, o Sol ou a Lua?
> Um deles dizia que o Sol era mais importante por ser maior e ter um brilho mais intenso do que o da Lua.
> O outro insistia em defender a tese da Lua:
> – Você está errado! A Lua é muito mais importante que o Sol. Sem a luz da Lua, nossas noites seriam tão escuras que ninguém veria um palmo adiante de si. Já o Sol brilha de dia... quando já há luz de qualquer maneira!

A lógica aqui se funde com o meio – a luz. A própria pergunta dissolve-se por conta de uma resposta que revela, por meio do absurdo, a importância de um astro do ponto de vista existencial. A Lua é "obviamente" mais importante para o ser humano, pois lhe é benevolente quando este tem maior temor – durante a noite. A luz do Sol, neste sentido, ajuda pouco, pois só brilha durante o dia, quando não temos tanto medo. O meio – o medo ou o que é relevante para o ser humano – fica realçado diante da lógica e dependendo da forma de compreensão. Logo, uma anedota facilmente descartável por seu aspecto "absurdo" pode trazer grande compreensão sobre processos humanos quando analisada com maior cuidado.

Em relação ao terceiro elemento – fusão de internos e externos –, uma pequena casa em Chelm pode nos servir de exemplo. Lá dormem Ethel e seu marido, Sam.

Ethel estava congelando na cama, por conta de uma janela entreaberta por onde o vento gelado do inverno abria seu caminho. Ao seu lado, seu marido, Sam, roncava indiferente ao desconforto da esposa.

Em dado momento, Ethel não aguentou mais e, sacudindo o marido, disse:

– Sam, Sam, está frio lá fora! Vá lá e feche a janela!

Sam nem sequer se moveu. Ela insistiu e sacudiu o marido com mais veemência.

– Levante-se e feche a janela. Está muito frio lá fora!

Desta vez, Sam despertou furioso e disse:

– E por acaso, se eu fechar a janela, vai ficar mais quente lá fora?

Aqui, novamente, o absurdo resgata a verdadeira questão: "Raios! Não se pode dormir tranquilo naquela casa!" A reação de Sam, longe de lógica, evoca um lado oculto do texto apresentado por Ethel: "Está frio lá fora". A solução para o que parece ser o problema permite a Sam despertar questionando o bom-senso da esposa. Este bom-senso, no entanto, não é relativo a fazer frio ou calor, mas a acordá-lo em hora tão imprópria.

O absurdo pode gerar conhecimento e explicar a realidade quando vista a partir do meio que produz a forma existente no mundo do aparente.

O absurdo tem possibilidades, tal como nenhuma outra expressão, de esclarecer certos estados de consciência. Este relato sobre Chelm é bastante instrutivo:

Um chelmita resolveu abandonar toda a família para ir conhecer a cidade grande. Sua curiosidade era tanta que tomou coragem e partiu. Na primeira noite longe de casa, hospedou-se numa pensão e, antes de dormir, para não errar a direção da cidade grande, apontou seus sapatos para onde deveria prosseguir viagem. Naquela noite, com o intuito de pregar-lhe uma peça, o dono da pensão trocou seus sapatos de direção, apontando-os para o lado contrário, de onde tinha vindo.

No dia seguinte, o chelmita despertou, olhou para onde apontavam seus sapatos e calçou-os. Seguiu viagem e chegou então à "cidade grande". Para sua surpresa, não era tão grande assim. Na verdade, assemelhava-se e muito à sua cidade natal.

O incrível é que lá na cidade grande encontrou uma rua semelhante à sua, uma casa semelhante à sua e até mesmo uma família idêntica àquela que havia deixado na cidade natal. Tão grande foi sua adaptação que este chelmita passou o resto de sua vida na cidade grande.

Nesta história, a possibilidade de não despertar, de bancar sua "viagem" a todo custo, permitiu a este chelmita encontrar seu verdadeiro lugar na vida. A cidade grande é aqui e agora. A lógica do destino dos sapatos virados, da resposta do alvo que foi pintado, tem muito a ensinar no que tange às possibilidades de vida. Este chelmita realizado encontrou a cidade grande numa dimensão muito mais ampla, e a vida reservou-lhe um doce destino. Tudo isto graças à sua capacidade de suportar o oculto, de compreender o meio no qual a forma de sua viagem se havia inserido.

A eficiência do tolo

Na dimensão do aparente do oculto, o meio sábio é um ridículo. Sua ineficácia diante do oculto é tão gritantemente inadequada que várias vezes foi descrita com sarcasmo. Berthold Auerbach dizia: "Existem algumas pessoas espertas que bem poderiam ser comparadas a um pequeno armarinho de interior: toda a sua mercadoria está exposta na vitrine." E Moritz Saphir: "Pessoas 'sábias' são como rosas perfumadas; sentir o perfume de uma delas é delicioso, mas aspirar um buquê inteiro pode facilmente causar dor de cabeça!" Neste território, sobrevivem apenas os sábios por inteiro ou os tolos por inteiro. Como o primeiro caso é raro, e o segundo, bem mais frequente, fez-se mítica a participação do tolo na descoberta de segredos ocultos.

Conta-se uma anedota que pode trazer-nos maior compreensão:

> Há uma lenda de que, durante a Idade Média, o papa resolveu que os judeus não mais poderiam viver em Roma; deveriam ser todos expulsos. Temendo abandonar a cidade e defrontar-se com a brutalidade da Europa rural do período medieval, os judeus imploraram que lhes fosse permitido permanecer.
>
> O papa ouviu seus apelos e decidiu dar-lhes uma chance, com a seguinte condição: permitiria um debate feito todo em pantomima entre o núncio católico e qualquer judeu que ao

mesmo se dispusesse. Se o judeu vencesse o debate, seu povo poderia ficar; caso contrário, teria de abandonar a cidade.

Ponderaram os judeus: Que chances realmente teriam? O próprio papa seria o juiz da contenda e, além do mais, o perdedor seria executado. Quem iria se expor nestas condições?

O tolo, o servente da sinagoga, voluntariou-se para tão difícil tarefa. Ele enfrentaria o debate, e todos sabiam que, na verdade, estava cometendo suicídio. Mas o que fazer? Não havia outra saída. Sequer havia tempo para que os sábios preparassem o tolo para o debate.

Chegado o dia, todos permaneceram em silêncio absoluto na arena. E foi o núncio que deu início ao debate. Ele levantou seu dedo indicador e moveu-o em direção aos céus. O tolo imediatamente gesticulou com segurança apontando para o chão. O papa mostrou-se inquieto.

Em seguida, o núncio ergueu um dedo e colocou-o diante do tolo desafiadoramente. Este não titubeou: apontou três dedos para o rosto do núncio com desembaraço. O papa parecia desconcertado.

O núncio, então, sacou de seu bolso uma maçã e mostrou ao papa. Neste instante, o tolo retirou de seu sobretudo uma sacola de papel e dela um pedaço de *matzá* [pão ázimo].

Imediatamente o papa anunciou que o debate estava terminado: o tolo judeu havia vencido, e os judeus poderiam permanecer em Roma.

Quando a multidão dispersou-se, o clero por inteiro veio ter com o papa.

– Por que destes vosso veredito em favor dos judeus?

– Este homem – explicou – era um mestre do debate. Quando meu núncio elevou seu dedo aos céus para mostrar que D'us tem soberania sobre todo o universo, o judeu apontou o chão, indicando que o Demônio também tinha poderes neste mundo!

"Quando o núncio reagiu, dizendo que existe um único D'us, o judeu de imediato levantou três dedos demonstrando que existem três aspectos de D'us, de Sua Sagrada Trindade.

"Quando meu núncio tirou uma maçã para indicar o erro dos cientistas, que insistem em dizer que a Terra é redonda, o judeu contrapôs fazendo surgir um pedaço de *matzá*, que, por ser uma superfície plana, referia-se à postura bíblica de reconhecer que a Terra é plana."

Enquanto isto, os judeus festejavam perplexos. Imploraram que o tolo lhes explicasse o que sucedera. Este reagiu:

– Não há o que dizer. Em primeiro lugar, o padre apontou seu dedo para mim, como se dissesse: "Os judeus devem sair de Roma!" Eu reagi, apontando para o chão e dizendo que não sairíamos daqui. Logo depois, apontou o dedo para mim, como que praguejando. "Caia morto, seu judeu!" Ao que retribuí: "Morra você três vezes, pois não sairemos."

– E então? – perguntou toda a comunidade, em suspense absoluto.

– Então? Então ele resolveu pegar seu almoço e eu peguei o meu!

A anedota revela um *nonsense* em que o tolo consegue dar conta do impossível. Revela a precariedade do impossível e o ridiculariza, reduzindo-o ao esgotamento, à exaustão de uma sapiência parcial, de uma meia-sapiência. Nenhum sábio vislumbrava chances de conseguir vencer o debate. No entanto, o debate poderia ser vencido, bastando apenas que alguém viesse de outro plano, outro nível de realidade, com o firme propósito de "fazer os judeus ficarem". A indignação do tolo que o impulsiona ao debate já é a evidência de que ele não está no nível do ameaçado, do acuado pela incumbência do saber. Sua lógica é patética, porém eficaz. Sua leitura da realidade é totalmente equivocada, mas poderosa em sua intervenção na mesma. O tolo sabe sem saber. Ou melhor: o tolo distingue o meio e enfrenta o desejo por forma, munido exclusivamente do meio. São os meios-sábios que distinguem e se apegam às formas que se surpreendem com a legitimidade daquilo que é indiferenciado. Em resumo, o tolo entra num processo de parceria com quem possui uma leitura parcial (aparente) da realidade e produz resultados – o que pareceria ser resposta dada à sua eficácia. O tolo ouve do mundo oculto suas razões e, ao expô-las, o meio-sábio vê respostas do aparente. O tolo é um instrumento; nossa tolice e ingenuidade são instrumentos para romper barreiras do impossível. Diz o ditado iídiche: "Quando a tarefa é volumosa e árdua, quando se tem muito o que fazer, vá dormir!" *Guei sch'lufen* – "vá dormir" – é um artifício para evocar uma dimensão menos comprometida com as cansadas e desgastadas formas de pensar. Fazendo emergir o ingênuo de cada um de nós, este artifício abre possibilidades para compreender os meios, os ambientes, a partir dos quais é possível desmascarar os círculos viciosos onde nossos pensamentos e decisões que buscam ser "espertos" e "sagazes" tornam-se presas fáceis.

Estudo de um caso: lunáticos e soluções práticas para o inalcançável

Vamos fazer uso de um caso verídico para ilustrarmos decisões que demonstram entendimento e maestria sobre realidades do mundo aparente do oculto.

Numa cidade, às vésperas de um casamento, ouviu-se um terrível grunhido no quintal da casa da noiva. O grito era aterrador, e todos ficaram realmente muito assustados. Afinal, a tradição judaica acredita que uma noiva na véspera do casamento fica muito vulnerável. Por esta razão, é costume realizar-se, na noite anterior às núpcias, uma vigília, com o intuito de evitar que maus espíritos ou coisas ruins, pensamentos em particular, se aproveitem da vulnerabilidade da noiva. Este folclore popular motivou a famosa peça teatral de Solomon Anski intitulada *O Dibbuk*, que relata um caso de possessão de uma noiva por um mau espírito. É possível que tal crença tenha se originado do fato de que as noivas – quase que literalmente umas meninas – passavam por grandes crises ou mesmo surtos nervosos por conta da violência que experimentavam ao ter de abandonar a casa dos pais e enfrentar a vida junto a um marido que, muitas vezes, conheciam no dia do próprio casamento.

Seja como for, gritos aterrorizantes nos fundos do quintal de uma noiva nas vésperas de suas núpcias davam o que pensar. Rapidamente, o rabino da localidade foi trazido até a casa para elucidar o mistério. Ele, porém, também ouviu os terríveis urros que provinham do quintal e ficou bastante assustado. Resolveu que não iria pessoalmente ver do que se tratava, pois poderia ser muito perigoso. Mandou buscar o tolo, o lunático da cidade, para que ele fosse verificar a origem de tão terrível grito. O rabino tinha certeza de que estava diante de uma situação extremamente complexa e perigosa.

O tolo foi trazido e enviado na direção de onde provinha o atemorizante ruído. Não tardou muito e retornou despreocupado. Todos o cercaram, ansiosos por saber do que se tratava. Tranquilamente, o tolo disse que não havia o que temer. Segundo ele, os gritos não passavam de algo explicável. Uma velha árvore tombara e seu tronco ficara no chão. Com o tempo, o tronco se tornara oco, e agora o vento passava por dentro dele, produzindo aquele som. Logo, era apenas o efeito sonoro causado pela passagem do vento por dentro do tronco em decomposição.

Todos ficaram aliviados, com exceção do rabino. Naquela noite, ele reuniu toda a sua comunidade e recomendou que fizessem suas malas – iriam embora. Para o rabino, o sinal era evidente. Ninguém compreendeu, mas seguiram sua recomendação.

Este rabino era o líder de um pequeno povoado na Polônia, e sua comunidade foi integralmente salva da loucura nazista, que se instalaria pouco depois deste incidente.

O rabino ouvira gritos bem reais. Gritos que procediam do futuro e que desafiariam em muito a imaginação de qualquer um que se dispusesse a prognosticar possíveis horrores. Os urros eram, portanto, reais. Mas o rabino pôde distinguir tudo isto a partir das informações de que dispunha?

Vamos tentar reconstituir o que ocorrera. Um grito na casa de uma noiva na véspera das núpcias – eis a primeira informação. É trazido o tolo, que faz uma leitura racional e bastante convincente de um fenômeno natural explicável. O rabino desconfia. Afinal, mandara trazer um tolo porque este seria menos vulnerável a uma realidade oculta, se viesse a se deparar com ela. Em vez de um relato absurdo, que mesclasse fantasia e superstição, o tolo apresenta um discurso que não é o de um tolo. Um discurso esclarecedor na dimensão do aparente do aparente. Mas tolos não enxergam o aparente do aparente, por isto são tolos ou lunáticos. Daí a conclusão do rabino: o que parece ser o aparente do aparente não o é. Só fora assim apresentado porque o tolo entrara em contato com o oculto. É o oculto que lhe proporciona este senso de aparente do aparente, que não seria assim percebido por uma outra pessoa. Compreendemos que a convocação do tolo não é uma atitude cruel de pôr em risco a sorte de um pobre coitado em situações a que os sábios não gostariam de se expor. O tolo é um instrumento. Ele mede, por intermédio de sua ingenuidade, a presença de elementos ocultos.

A ordem do rabino de debandar, acatada por todos sem contestação, demonstra uma eficaz capacidade de utilizar informações ocultas no sentido de intervir na realidade aparente. Todos respeitaram os elementos alusivos e foram salvos por este conhecimento. O rabino respeitara a qualidade de "tolo" e deu-lhe legitimidade; a comunidade, por sua vez, respeitou a qualidade de "sábio/rabino" e deu-lhe legitimidade. Resgataram, assim, num procedimento de inversões de valores – louco fala sabiamente, e rabino fala supersticiosamente –, uma informação que não estava disponível na dimensão das evidências.

Na verdade, existe aqui uma espécie de "fórmula" para acessar este tipo de conhecimento. É fundamental saber utilizar os instrumentos que penetram na dimensão do aparente do oculto para só então aplicar-lhes qualquer inversão de valor ou afirmação por absurdo. E estes instrumentos são o "tolo" de cada um de nós. Equivalem às ingenuidades, sensações, premonições, sonhos, imagens recorrentes, mistérios do passado, coincidências que nos arrebatam. Há maneiras de compreender estes dados e utilizá-los. É claro que uma palavra de cautela se faz necessária: se não houver um elemento sábio para decifrar como aparente do aparente a informação resgatada do oculto, podemos simplesmente agir como o tolo. O tolo apenas possui a informação, mas não sabe como fazer uso da mesma.

Portanto, é preciso muita prudência e humildade para decifrar conhecimentos que vivem a nos rondar e se apresentam a nós constantemente. Nossa dificuldade está no fato de que muitas vezes nosso tolo não está desperto, e nosso meio-sábio desqualifica informações como sendo absurdas e inúteis. Ou talvez a dificuldade não se dê no acionamento correto de nosso tolo, mas em colocar nosso sábio interior como parceiro no deciframento do que é apreendido.

Seja como for, a dimensão do aparente do oculto é muito importante. Os sobreviventes da comunidade Ger que prestem seu depoimento. Ela é oculta, porém pode se fazer aparente, evidente. É ainda da dimensão do discernimento e pode gerar planos de ação e intervenção a partir dela.

Tudo que vimos até agora apresentava esta dimensão aparente de algo – seja "aparente" do "aparente", oculto do "aparente" ou "aparente" do oculto. Estamos prestes a explorar uma dimensão diferente onde não haverá mais nenhum discernimento *a priori*, um território onde não surgirão cursos de ação a partir de discernimento. Um lugar ainda mais oculto.

O OCULTO DO OCULTO

Problema secreto

O oculto do oculto

"Como em águas profundas está o conselho no coração do homem: mas o homem de sabedoria o tirará para fora!"
(Provérbios, 20:5)

Mau julgamento e aprendizagem

Este é o espaço a que melhor se aplica a frase de Shakespeare "Há razões que a própria razão desconhece". Não há aqui lugar para estratégias da razão, motivo pelo qual este território é destituído de qualquer presença de elementos aparentes. Tudo é oculto e para além do saber. Perguntaríamos: se assim é, como incluir esta dimensão como parte do "pomar"? Não representaria então o "pomar" o somatório dos espaços possíveis de instrução e aprendizado humano?

O oculto do oculto é ainda um espaço que pode ser revelado – é acessível ao ser humano. Seu acesso, no entanto, só é possível por meio da ação, não da razão.

Uma abordagem do filósofo Martin Buber sobre a questão distingue duas importantes áreas da experiência humana – o discernimento e o compromisso. Segundo ele, todo o discernimento real de um indivíduo gera níveis de compromisso e vice-versa: compromissos implicam discernimento. Quando compreendemos algo no seu sentido mais profundo, ou seja, quando internalizamos algo, este processo tem um impacto sobre nosso comportamento e sobre a forma de pensarmos. É isto que o espaço do aparente revela. Podemos intervir em nossa forma de ser e pensar quando compreendemos aspectos até então ocultos e os concretizamos em ação. A ação é um comprometimento, um meio de intervenção gerado pelo nosso discernimento num dado instante.

No entanto, o elemento revolucionário neste pensamento está no segundo corolário – qualquer forma de ação pode promover também discernimento. Isto significa dizer que, ao agirmos, penetramos numa dimensão oculta e liberamos discernimento para o mundo aparente.

Uma história atribuída a Reb Zalman Schachter fala sobre um discípulo que veio perguntar-lhe sobre sapiência:

– Como é que se pode alcançar a sapiência, a sagacidade e a compreensão?
– Pelo uso do bom-senso, de bons julgamentos.
– E como é que se alcança o *bom julgamento*?
– Por meio de muita experiência.
– E como é que alguém atinge muita experiência?
– Por intermédio de maus julgamentos!

A possibilidade da experiência, da ação e de seus erros introduz informação em áreas totalmente áridas de razão. Esta fertilização a partir do feito, do compromisso que ilumina de discernimento, é o que tratamos aqui por oculto do oculto.

A tradição judaica deixou como grande legado à civilização ocidental justamente esta percepção invertida, que até os nossos dias ainda é pouco compreendida e utilizada na resolução de problemas. O momento deste insight se deu exatamente quando os hebreus descobriram o segredo de fazer "o mar se abrir". Segundo a tradição interpretativa judaica, foi graças ao conteúdo do capítulo 24, versículo 7 do Êxodo que o mar pôde ser aberto. No texto bíblico, Israel revela a Moisés sua intenção de cumprir com os desígnios divinos expressando-se por meio do dito "faremos e então ouviremos". Esta inversão proposital de *feito* antecedendo o *ouvir* – este último representando compreensão e discernimento – é o elemento revolucionário paradigmático de que falamos. Tal percepção, que contraria em muito os métodos convencionais de conduta, surgia a partir da própria experiência de se estar encurralado.

Segundo a tradição, antes de o mar se abrir, foi preciso que um homem conhecido pelo nome de Nach'shom, que não sabia nadar, se jogasse nele. Foi seu feito que propiciou a compreensão de que "os mares podem se abrir". Daquele momento em diante, por mais fugaz que fosse a natureza desta percepção, ficava eternizada na consciência humana a dependência do recurso cognitivo de *ser* como uma alternativa ao raciocinar e ao imaginar. O Reb de Kotzk observa objetivamente:

> Existem tantos homens sábios, acadêmicos e filósofos no mundo, todos eles investigando, ponderando e mergulhando nos mistérios de D'us... E por que se perdem em sua sapiência? Isto acontece porque estão enclausurados e limitados por suas faculdades intelectuais e habilidades perceptivas.
>
> O povo de Israel recebeu, no entanto, um poderoso instrumento para elevar sua capacidade perceptiva além do intelecto e para atingir o nível permitido aos anjos celestes. E que intrumento é este? Os seus mandamentos, seus compromissos.

A sacralização de compromissos foi uma maneira de afirmar que a cognição se dá também neste nível, para além do intelecto e da percepção sensorial. O livro *Ética dos ancestrais* (4,5) traduz isto para uma condição genérica: "Aquele que estuda com o intuito de ensinar estará capacitado a aprender e ensinar. Aquele que estuda com o intuito de agir e praticar, este será capaz de aprender e ensinar, mas também de observar e praticar." Quem se envolver com o lado oculto da compreensão não só terá acesso ao aparente, mas se fará mestre do que não é aparente.

O segredo desta região oculta da cognição se encontra novamente neste campo da "resposta que encontra sua pergunta". A reversibilidade rompe com a convencionalidade da proposta de que à *decisão* se suceda a *ação*. Aqui a ação pode perfeitamente influenciar a decisão formada. Esta é a grande contribuição de "faremos e ouviremos" – não há hierarquias instituídas por favorecimento no saber. Certos compromissos ensinam aquilo que nenhuma forma de dedução pode alcançar.

Erro como passo inicial de um outro nível de acerto

Quando tratamos do oculto e suas características, mencionamos o fato de que o oculto lida com respostas dinâmicas em constante mutação, distintamente do nível aparente, que considera situações sempre em condições estáticas.

Um exemplo da própria ciência é bastante ilustrativo desta condição "dinâmica" das respostas.

A comunidade científica ficou muito mobilizada com a descoberta dos reparos do DNA. O DNA é uma molécula complexa que tem em si codificadas todas as informações de tudo que se manifesta no plano físico de um determinado indivíduo. Qualquer alteração nestes códigos únicos e particulares tem uma manifestação aparente, física, no organismo.

Os cientistas se surpreenderam ao constatar que a forma pela qual o DNA foi engendrado permite a constante geração de erros no processo de criar réplicas de sua molécula. A surpresa deveu-se a esses equívocos comuns ao DNA durante sua duplicação, que não condiziam com o padrão de refinamento da natureza, que tende a ser extremamente eficaz e a favorecer, por meio da evolução, tudo aquilo que funciona eficientemente. Como então compreender esta estrutura fundamental, que constantemente produz erros, como sendo algo eficaz?

A citologista Miriam Stampfer[4] explica:

Ao esboçar um material codificante, a solução que se mostrou mais eficiente para a natureza (dadas as limitações presentes nos elementos básicos do mundo físico) foi não utilizar material que fosse sempre constante, estável e livre de erros. Muito pelo contrário: a estratégia parece ser a de permitir um razoável nível de erros, enquanto paralelamente se engendra um mecanismo de reconhecimento e reparo de erros extremamente eficiente.

Ou seja, o DNA encontrou a "perfeição" para lidar com os limites do mundo físico, impondo-se um sofisticado sistema de "defeitos" que podem ser consertados, a fim de que a partir deles atinja novas formas mais desenvolvidas "de dar certo".

Similarmente, o ser humano consegue apreender algo do recôndito, do obliterado, por um método que depende de erros. Como disse Reb Zalman: "Aprende de teus maus julgamentos os teus bons julgamentos." O DNA *faz* primeiro, para depois *ouvir* e *julgar*.

Sair pelo mundo enfrentando as próprias tolices (erros) é um método muitas vezes mais apropriado para se chegar ao saber do que por meio de livros e de conceitos teóricos. "A sabedoria daquele que ultrapassa o peso de seus atos não se preservará. No entanto, aquele cujos atos ultrapassam a medida de sua sabedoria – sua sabedoria se preservará", diz a *Ética dos ancestrais*. O DNA quer preservar-se, portanto trata de *fazer* mais do que *discernir*.

Não pode haver evolução na resolução de nenhum problema sem que uma medida empírica possa dar base ao que

---

[4] *New Menorah*, verão de 1994.

é pensado. Reconhecer estes limites do discernimento já é algo importante. Saber arrancar deste trecho do pomar algo comestível é de uma ordem bastante superior de dificuldade. Trata-se do mundo onde o acerto é desastroso, confirmando apenas aquilo que pode ser confirmado. Este mundo, onde quem acerta perde a chance de conhecer o incrível mundo do que "não é", é uma espécie de literalidade do oculto.

Lembremos que o trabalho do literalista (aparente do aparente) é identificar o que não é dito no que foi dito e, a partir daí, compreender mais sua questão. No oculto do oculto, o importante é conhecer o erro – o não dito da ação –, para melhor compreender e identificar o acerto. Daí o encontro, o umbigo entre o mundo totalmente aparente e o totalmente oculto. O erro circundante na ação está para a cognição do oculto assim como a ignorância circundante na informação está para a compreensão do aparente.

Patologias pela carência de erros

Os erros são parte fundamental da possibilidade cognitiva do oculto. Aqueles que sofrem de uma carência de erros não podem usufruir do conhecimento e discernimento que deles advêm. Como diagnosticar que um problema ou uma questão não consegue avançar por falta de "erros"?

O erro não é algo que se busca diretamente. Se quiséssemos imitar Nach'shon, que se jogou ao Mar Vermelho sem saber nadar, o mar não se abriria. Cometeríamos um erro que é absoluto, pois a dimensão aparente do aparente nos é bastante evidente – quem não sabe nadar não deve jogar-se ao mar. Este é o engano daquele que "morre" na simbologia dos sábios que entram no pomar. "Morre" porque não sabe nadar; numa situação de enunciado, isso equivaleria a buscar um caminho de resolução que rompe com o processo racional. Os verdadeiros "erros", aqueles que ensinam a partir da dimensão do oculto, não rompem com o racional. São produtos de uma experiência real, na qual o discernimento já foi amplamente esgotado. Somente com a posse de todas as alternativas e conclusões do discernimento, o ato de "jogar-se ao mar" deixa de produzir a experiência que vivenciaram os egípcios.

A depressão, por exemplo, é uma reação humana à falta de experiências que possam gerar erros e que, por sua vez, possam promover aperfeiçoamento. A perspectiva da passagem do tempo sem que façamos uso de possíveis experiências de vida reverte a nós mesmos, por meio do cruel sentimento de estarmos "ficando para trás", de estarmos abrindo mão de conhecimentos importantes. Este conhecimento oculto é o elemento essencial para que o mundo do discernimento possa ser validado, possibilitando sentido ao que não pode de outra forma ser percebido. O sentido, a resolução para aquilo que ainda não tem explicação, só se completa com a dimensão da ação, do oculto.

O rabino de Kotzk dizia:
– O que significa o mandamento "não roubarás"?
– É evidente: que não roubarás teu semelhante – respondiam os discípulos.
– Não – retrucava o rabino. – Que não roubarás de ti mesmo!
O que é "não roubar de si mesmo"? É não expor-se. Aquele que evita expor-se à vida, que se protege dela, rouba de si fundamentais instruções sobre si próprio e sobre a vida que nenhum discernimento poderá lhe ofertar. Ninguém poderá transmitir o conhecimento adquirido da experiência a um outro indivíduo, porque este não é um mero dado, mas uma localização sofisticada que define todos os erros (ou ignorâncias) concernentes a estar naquela específica posição. A situação em que alguém tenta ensinar o que apreendeu da experiência, não entendendo que sua natureza é oculta a quem não a experimentou, é semelhante a apontar um ponto no mapa sem apresentar o próprio mapa. Esta localização é inútil, nada mais do que um ponto sem referências.

O rabino de Kobrin certa vez disse: "Se estivesse ao meu alcance, esconderia todos os ensinamentos dos sábios, pois, quando uma pessoa tem muito conhecimento, há o risco de sua sabedoria exceder, em muito, os seus atos."

Esta é, na verdade, a grande diferença entre aqueles que possuem receptáculos para conter uma informação e os que carecem de experiência. O rabino de Kobrin tem esta preocupação. E esta diferença fica gritante, à medida que o conhecimento aparente, destituído da dimensão oculta, é comparado com os ensinamentos que incluem a ação e a exposição próprias do oculto. Um exemplo disto nos é dado pela história chassídica sobre um discípulo que procura o mestre para estudar e, poucos dias depois, é elevado à condição de Reb. Os discípulos questionaram tal decisão: "Como pode em tão pouco tempo ter recebido tantos conhecimentos?" O mestre explicou: "Ele é um homem que já veio a mim com muitas velas... tudo o que fiz foi acender-lhe uma única: ele mesmo pôde iluminar as demais e também o seu caminho!"

O conhecimento do oculto é representável justamente por velas prontas a serem acesas na dimensão aparente. Seu potencial de servir como receptáculo de luz não é importante somente porque ilumina, mas, acima de tudo, porque legitima e faz perceber todas as outras áreas que já dispõem de velas prontas para serem acesas. Estas velas são compostas de uma cera, de uma matéria que provém de nossos erros e maus julgamentos. A falta deste material "emburrece" o aprendiz. Seu sintoma mais importante é o de não permitir que se saiba reconhecer todas as possíveis velas que estão prontas para serem acesas. A criatividade que habita estas profundezas, onde o meio absorve as formas, é derivada deste ato de perceber tudo o que está pronto para ser aceso na dimensão oculta e que gera discernimento.

Metamodelos educacionais

Um dos grandes problemas da educação é poder medir proporções apropriadas de discernimento e compromisso. O embotamento do aprendiz é resultado de uma educação que favorece mais o discernimento do que a experiência. Dá, portanto, valor à luz, e não ensina a reconhecer as velas próximas, potencialmente iluminadoras. Tal problema é identificado por Reb Bunam: "No sábado, quando minha sala de aula está repleta de gente, me é muito difícil dissertar sobre a Torá. Pois cada pessoa requer sua própria Torá, e cada um busca encontrar a sua própria perfeição. Assim sendo, o que dou a todos eu subtraio de todos."

Quando se reduz algo ao puro discernimento, qualquer ensino subtrai. As generalizações, que se definem como tudo o que não foi vivido e experimentado por um único indivíduo, tendem a criar obstáculos ao ingresso no mundo oculto da ação. Estas generalizações omitem ou exageram detalhes e fazem com que o ensino dificulte a verdadeira compreensão. Como é que se fala a todos? Falando do aparente. E, ao falar-se do aparente, o que é que fica obscurecido? O oculto! Cada vez que um discípulo diz "Ah! Entendi!", dói imensamente o coração do bom professor. Ele sabe que ensinou fazendo desaprender.

Uma outra modalidade de instrução precisa ser combinada a este ensinamento que é destinado a todos, mas que tem um custo tão grande para cada um. Assim explica Reb Mendel:

"Tornei-me um chassídico porque na cidade onde morava havia um ancião que contava histórias sobre os justos do passado. Ele contou-me o que sabia e entendi do que eu necessitava."

Quando o professor compartilha seu conhecimento, e cada um sabe retirar do todo o que particularmente lhe falta, a informação transmigra para o território da experiência. Este tipo de ensinamento é aquele que convoca os discípulos a investigarem sobre as possíveis "velas" que já possuem. O fogo do professor não incandesce uma única e particular vela, mas se oferece ao próprio discípulo para que ilumine aquilo que precisa. Tal mestre reconhece que o mundo oculto fabrica velas e que o fogo, da mesma maneira que pode ser instrumento de acendê-las, pode ofuscá-las.

É fundamental que cada um tenha seus próprios meios de conter e manter luz. Quando um jovem discípulo queixou-se de estar perdendo o *élan* da busca e do questionamento, o rabino de Riziner respondeu-lhe: "Você é como um homem andando com seu mestre pela floresta numa noite escura. No momento em que ele se afasta de você, tudo se transforma em breu. Se um homem, no entanto, carrega sua própria luz, não precisa ter medo do escuro."

Só promove o acendimento das velas de seus discípulos o mestre que estudou com a intenção de fazê-lo. Isto porque, segundo Reb Bunam, "O mau professor diz o que sabe, o bom professor sabe o que diz". Seu envolvimento, seu lado oculto se faz presente na concepção do pensamento e do processo de distinguir. Ele guia o discípulo à internalização e ao despertar de seus compromissos no caminho rumo ao discernimento. Reb Itschak de Vorki explica o método para se realizar isto:

> Um mercador desejava empreender uma viagem. Tomou para si um assistente para trabalhar na loja. Ele mesmo passou a trabalhar num quarto adjacente à loja, de maneira que podia

ouvir tudo que lá se passava. No primeiro ano, ouvia por vezes o assistente dizer a um freguês: "O patrão não vai permitir que eu faça este tipo de desconto." E o mercador não seguiu viagem. No segundo ano, ocasionalmente ouvia: "Não podemos fazer este tipo de desconto." E o mercador não partia em sua viagem. No terceiro ano, passou a ouvir: "Não posso lhe fazer este desconto." Foi então que deu início à sua jornada.

Um bom mestre só pode se ausentar quando sabe que seu discípulo pode discernir a partir de sua própria experiência. Sem acesso ao oculto do oculto, o saber não permanece; se desvanece na ausência de sentido a que tudo está submetido sem este componente oculto. Esta é a razão pela qual o ensinamento do verdadeiro mestre não pode ser transmitido pela razão. O rabino de Kalev certa vez foi pressionado a revelar o que seu mestre lhe havia ensinado. Respondeu o seguinte: "Os ensinamentos de meu mestre são como o maná que entra no corpo e não sai mais." Pressionado mais ainda para que revelasse os segredos, o rabino rasgou sua camisa na região do coração e concluiu: "Veja dentro de meu coração! Lá você vai compreender onde os ensinamentos de meu mestre estão."

Não estão na razão, mas implantados no coração, na dimensão do sentimento e da experiência. Na realidade, o ensinamento que inclui a dimensão do oculto do oculto é muito mais vivido do que compreendido. É esta a razão de o Talmude de Jerusalém trazer a inscrição "Aprendi muito com meus mestres, e de meus colegas mais ainda do que de meus professores, e de meus alunos mais ainda do que de meus colegas". Quem ensina como uma modalidade da experiência obviamente também aprende com aquilo que ensina. Novamente, quando se aprende com a finalidade de fazer, também se faz e também se discerne. Caberia talvez aqui a máxima de Bernard Shaw: "Aquele que pode, faz. Aquele que não pode, ensina."

Conhecimento não conhecido

Dizia o Baal Shem Tov: "Quando atinjo os mais altos níveis de conhecimento, sei que nem mesmo uma única letra dos ensinamentos está em mim."

A dimensão oculta abrange todo este domínio não dominado. Ela sabe que a memória é uma instância da forma e que na memória não há meio denso – tudo está registrado pela sua especificidade. O oculto não trabalha com a memória objetiva, mas armazena seus dados em atmosferas e ambientes. Há ambientes físicos com cheiros e imagens; há ambientes emocionais, como uma data especial, um certo cenário; há ambientes existenciais, tais como estar encurralado, iniciar um novo amor.

Quem vive em ambientes é alguém que está em movimento, que experimenta e se expõe à vida num dado instante. Já a objetividade ou o olhar desapaixonado do saber aparente é aquele que consegue se confinar em forma e que memoriza.

O grande problema está na comunicação entre estes dois mundos. Uma parcela da população humana argumenta: "Então o aparente não é aparente? Como legitimar este outro conhecimento, oculto, sem perverter o que é aparente?" Por sua vez, a outra parcela questiona: "Como é possível compreender o oculto sem entregar-se a ele? Como querer fazê-lo aparente, se isto é roubar-lhe a própria natureza?"

É extremamente importante que a dimensão oculta seja compreendida como detentora de um conhecimento que não é um conhecimento – que não visa, em momento algum, a tornar-se aparente.

Conta-se a história de um discípulo chassídico e seu sócio laico e racional. O primeiro queria muito que o segundo conhecesse seu rabino, o Reb de Lekovitz. O jovem descrente recusava-se obstinadamente. Certa ocasião, o tal discípulo conseguiu persuadir o sócio a participar de uma refeição festiva de sábado.

No decorrer do jantar, o discípulo ficou surpreso ao ver que o semblante do amigo se iluminara de alegria durante a refeição. Mais tarde, perguntou ao sócio por que ficara tão comovido, e este comentou: "Quando o Reb comia, parecia ser o Sumo Sacerdote à época do Templo diante do mais sagrado sacrifício."

Não tardou muito e o discípulo, bastante perturbado, procurou o rabino, querendo saber por que uma pessoa descrente, em sua primeira visita, conseguiu ver algo que os demais, seus amigos e seguidores, não haviam visto. O rabino explicou: "O outro precisava ver, o discípulo precisa acreditar!"

Certezas e legitimações não podem vir por meio da visão para quem quiser ter acesso ao mundo do oculto e dele fazer uso. A crença é uma expressão externa do oculto. Na verdade, é a única representação aparente que o oculto pode assumir. Isto porque os caminhos da razão ao oculto estão indefinidamente interrompidos. A crença é a forma que uma resposta oculta do oculto assume diante do que é aparente. Seja para uma intuição no aparente do oculto ou para a determinação em agir no oculto do oculto, haverá sempre uma descontinuidade, responsável por permitir que a razão do oculto seja posterior à experiência.

A colheita dos frutos deste mundo é tão fundamental quanto difícil. Talvez tão difícil como abrir mares, como diriam os rabinos. Nela ronda a constante sensação de confusão, porque a certeza, ela mesma, é anterior à razão e não produto da mesma. Suas fontes são as várias lógicas possíveis, e o vazio que circunda toda definição, toda identificação e toda particularização que nossas mentes são capazes de produzir. Sua sapiência está na não limitação, muito mais do que em um atributo específico e próprio. Mas não é o vazio propriamente; é algo distinguível pelas faculdades humanas.

Observem esta história:

O rabino de Volborz viu diante de si a aparição de um homem falecido que conhecera no passado. O tal homem implorava-lhe que o ajudasse a encontrar uma nova esposa, uma vez que a sua mulher havia morrido.

– Você não sabe então – disse o rabino – que não está mais no mundo dos vivos, de que está num mundo de confusão?

Quando o homem se recusou a acreditar nisso, o rabino levantou-lhe o casaco e mostrou que vestia suas mortalhas.

Mais tarde, quando o filho do rabino de Volborz ouviu o que sucedera, perguntou:

– Bem, se é assim, quem sabe eu também estou num mundo de confusão?

– Não se preocupe – disse o pai –; enquanto você tiver consciência de que existe tal mundo, você não estará nele.

Quem transita pelos territórios do oculto do oculto sabe que seu conhecimento não é originário do "mundo da confusão" exatamente porque permanece alerta quanto à sua existência. Enquanto souber disso, enquanto tiver discernimento e não abandoná-lo por conta de seus compromissos, não pode ser parte do mundo da confusão. As crenças e as intuições, produtos do aparente do oculto e do oculto do oculto, respectivamente, são partes indissociáveis do pomar onde coabitam também a razão e a evidência.

Quem pensa intui, e quem pensa também crê: são partes inseparáveis do processo de organizar o mundo diante de nós. Elas ordenam, portanto, o mundo por intermédio de meios; já o discernimento o faz por meio de formas definidas.

Como diria a *Ética dos ancestrais*, quem pensa com o intuito de fazer – de passear pelo pomar dos sentidos e colher dele o que se torna nutritivo no mundo da existência – detecta evidências e as estuda; mais que isso, abandona as evidências e, a partir delas e de seu estudo, intui algo e crê que este algo lhe completa o saber. Seu saber é composto destas duas metades da laranja que, na verdade, não se encaixam, mas são parte da mesma unidade – da mente.

Epílogo

A receita final para um passeio absoluto no pomar nos é apresentada na liturgia diária da tradição judaica. Em meio à gratidão pelas benesses que a criatura distingue como concedidas por seu criador, os humanos agradecem em particular a possibilidade de pensar. Nesta peça litúrgica com o nome de *Ahavat Olam* ("Sua paixão pelo mundo"), D'us possibilitou um pomar que se fecha, que tem sentido em si mesmo. Este texto propõe de forma esquemática o que estivemos analisando até este instante. Seu conteúdo diz ter sido a maior de todas as dádivas a possibilidade de: *lehavin u-le'askil; lish'moá, lilmod u-lelamed; lish'mor ve-la'assot; u-lekaiem* – "compreender e conceber; ouvir, aprender e ensinar; guardar e agir; manter". Segundo o texto, este encadeamento é capaz de iluminar nossos olhos. A possibilidade de ver o que não é visível nos é dada por este incrível recurso do pomar, que traduziríamos assim:

Compreender e conceber – permite que tenhamos um julgamento cristalino do que se apresenta como evidente diante de nós.

Ouvir, aprender e ensinar – possibilita fazer uso dos julgamentos para evitar os bloqueios pessoais e estéticos, percebendo um quadro maior, não imediato e recontextualizado, que revele a natureza daquilo que só é evidente quando revelado.

Guardar e agir – diz respeito ao mundo da reação e da internalização. O que é de posse do ser e não é controlado pelo ser é o que lhe permite ver o evidente obliterado pela falta de experiência. "Quem está na chuva é para se molhar", mas só entenderá o conceito de molhado (e, se quiser, o evitará) quem já se molhou.

Manter – permite que tudo o que foi teórica e praticamente experimentado venha a constituir-se em comportamento, em parte do que somos. O que pensamos e o que discernimos não é mais abstrato, mas a própria forma de ser de nossa existência. Comprometidos com o que apreendemos, somos reflexo do que nos foi possível *ouvir* do pomar. Este ouvir se fará *visão* – evidente – apenas e somente por intermédio do que advenha da ação e do comprometimento. Sua evidência não é conceitual, mas exemplar.

Aparente do aparente	*lehavin* *u-le'askil*	compreender e conceber
Oculto do aparente	*lish'moá* *lilmod* *u-lelamed*	ouvir aprender e ensinar
Aparente do oculto	*lish'mor* *ve-la'assot*	guardar e agir
Oculto do oculto	*u-lekaiem*	manter

Descrevemos aqui o processo que estudamos ao longo destas páginas. A intenção maior foi proporcionar um tour pelos territórios do pomar. Nosso guia foi uma tradição bastante antiga e que muitas vezes se voltou para o pomar com perguntas. A natureza destas perguntas, por sua vez, revela aquilo que o pomar tem de mais importante para contribuir. Não foram perguntas de curiosidade que levaram à descoberta do pomar, mas perguntas que ansiavam por sentido. E qual é o sentido? Na plenitude da volta pelo pomar, ele não é expresso por conceito. O sentido é uma composição de discernimento e compromisso, entre pensar e fazer, entre ter maestria e ser. Nos limites, no que é apreensível do sentido, ele é indistintamente discernimento e compromisso ao mesmo tempo.

Não devemos esquecer que somos parceiros do criador na legitimidade deste pomar; devemos reconhecer que a luz não é a cognição. Como diz o Salmo: "Na Tua luz veremos luz." A natureza da luz é a de que possamos ver luz – não é um fim em si mesma. Conhecer o pomar e saber colher os verdadeiros e suculentos frutos diz respeito a encontrar sentido. E o sentido é poder compreender, na expressão mais evidente, que devemos rezar todos os dias para que o que é evidente possa continuar evidente. Que por meio da manutenção deste estado de coisas possamos perceber o oculto do oculto. Neste mundo não evidente, o visível é o caminho para compreender o invisível – a luz serve para compreender a luz existente ocultamente na luz.

Concluído durante a leitura do Pentateuco de Ki Tissa[5] do ano de 5755.

---

[5] Leitura do trecho em que Moisés quebra as Tábuas do Discernimento para que o povo possa compreender que de nada servem quando não há a contrapartida do compromisso. O Bezerro de Ouro e o discernimento são ambos apenas forma – veem o evidente, mas não conduzem ao oculto.

Impressão e Acabamento
EDITORA JPA LTDA.